強い「心技体」を育む

我慢力

森影浩章

竹書房

はじめに

我が母校である徳島商は、徳島県勢で最多となる春夏合わせて43回（春19回、夏24回）の甲子園出場を誇る。しかし、２０１０年代に入ってからは、鳴門が5年連続夏の甲子園出場を果たすなど、県内「一強」ともいえる状況を作り出している。そんな中、本校は２０２３年に12年ぶりの夏の甲子園出場を果たした。

後で詳しく述べるが、徳島商の創立は１９０９年。プロ野球選手のみならず著名人も数多く輩出しており、近年ヒット曲を連発しているシンガーソングライターの米津玄師さんも本校出身である。

四国四商（香川・高松商、愛媛・松山商、高知・高知商）の一角を担う本校が、甲子園に初めて出場したのは、１９３５年（昭和10年）のセンバツだ。このときは本校初の甲子園というだけでなく、徳島県勢としても初の出場だった。

私は、徳島商で１９７９年から１９８１年にかけてプレーし、高校最後の夏に幸いにも甲子園に出場することができた。そして私が卒業した直後の夏、蔦文也監督率いる池田の「やまびこ打線」が甲子園で大旋風を巻き起こした。本書では、1学年下の畠山準投手（元南海ホークスほか）との対戦の思い出なども記している。ちなみに、「攻めダルマ」として知られた蔦監督も、徳島商の出身である。

高校卒業後、私は日体大に進学して野球を続けた。高校野球界には日体大出身者が多いことで知られているが、私のふたつ上に2019年夏に履正社で全国制覇を成し遂げた岡田龍生監督（現在は東洋大姫路で監督をされている）、ひとつ上には高知商の上田修身監督などがいる。上田監督とは大学の先輩後輩の関係だけでなく、四国四商としてのつながりもあり、いまでも大変親しくさせていただいている。

私は、2010年から母校である徳島商で監督を務めているが、その前は県内の那賀や富岡西、小松島でも監督をしていた。小松島にいたときは、甲子園に計4回（春3回、夏1回）出場することもできた。

母校に指導者として復帰して丸13年を迎えた2023年には、エース・森煌誠の活躍もあって、本校は12年ぶりに夏の甲子園出場を果たした。このとき、私たちはいかにして徳島を制したのか。また、高校に入ってから初めてピッチャーに取り組んだ森の成長などに関しても、本書で詳しくお話ししたい。

1990年に那賀で監督となってから、気がつけば33年間に渡って高校野球の指導者を続けている。徳島には鳴門、鳴門渦潮などの強豪がひしめいているが、そんな環境にあって小松島監督時代も含め、指揮官として6度の甲子園出場経験は、私の人生におけるかけがえのない財産であり、宝物である。

本書では33年間、私が選手たちにどのような指導を行ってきたのか。さらにはどんな練習、どういった野球を実践して甲子園出場を成し遂げてきたのかをお話ししていきたいと思う。

本書の野球論・指導論が、みなさんにとって何かの参考になったり、あるいは手助けになったりするのなら、著者としてこれに勝る喜びはない。

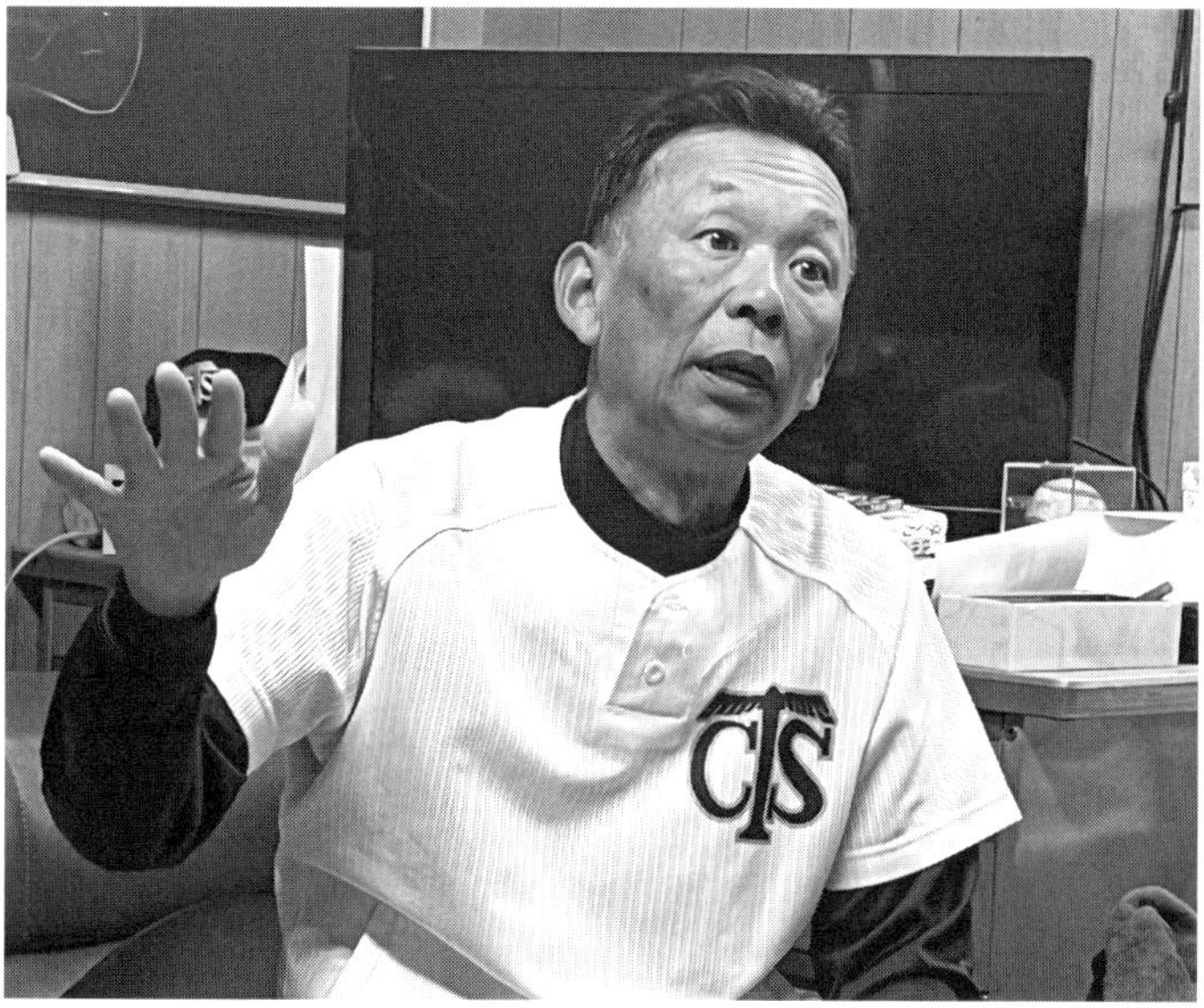
CTS

目次

第2章

私の球歴
野球との出会いから指導者となるまで

第4章

徳島商の練習、戦術、セオリー

第5章 徳島商と高校野球のこれからを考える

第1章

徳島商と徳島の高校野球の歴史

徳島商と野球部の歴史

県内有数の歴史を誇る徳島商は、１９０９年（明治42年）に創立された。野球部の創部は創立翌年の１９１０年。以来、愛媛県の松山商、香川県の高松商、高知県の高知商と並んで「四国四商」と称され、高校野球ファンのみなさんには古くから親しまれている。

四国四商の中で、野球部の創部が古い順に挙げると、

松山商　１９０２年（明治35年）
高松商　１９０９年（明治42年）
徳島商　１９１０年（明治43年）
高知商　１９１８年（大正７年）

となり、本校は３番目である。

かつて、四国の高校が甲子園に行くには、北四国大会（香川、愛媛）と南四国大会（徳島、高知）をそれぞれ勝ち抜かなければならなかった。その後、北四国は1976年から、南四国は1978年から一県一校代表制となった。

その記念すべき1978年の夏、徳島県代表として甲子園に出場したのが、ほかでもない徳島商である（このとき、私は中学3年生だった）。大きな節目となるこの大会で、四国四商は揃って甲子園に出場した。一県一校代表制となってすぐに四国四商がそれぞれの県の代表になった点を見ても、いかに当時の四商の力が秀でていたかがおわかりいただけるだろう。ただ、残念ながら四商が甲子園揃い踏みとなったのは、後にも先にもこの一回きりである。

本校は野球部だけでなく、サッカー部も全国的に知られており、全国高校サッカー選手権大会に歴代2位となる40回の出場を果たしている。

先にも述べたが、野球部が甲子園に初めて出場したのは、創部から20年後の1935年、春のセンバツだった。このときは1回戦で県岐阜商に2－11で敗れたものの、徳島県勢としても記念すべき第一歩を甲子園に刻んだ。

甲子園初勝利を挙げたのは、1937年のセンバツである（2回戦で福岡工に2－

1で勝利)。2度目の甲子園となったこの大会で、徳島商は準決勝に進出。準決勝では浪華商(のちの浪商、現・大体大浪商)に1－6で敗れるが、初のベスト4入りを記録した。

現在まで、本校は甲子園春夏通算43回の出場を果たしており、春19回、夏24回の出場はいずれも県内最多を誇る。甲子園での通算の勝敗は、42勝42敗1分(唯一の「1分」は後述)となっている。

幻の全国優勝と伝説の大投手・板東英二さん

終戦後、6年ぶりの開催となった1947年(昭和22年)春のセンバツで、徳島商は悲願の初優勝を飾る。本校の全国制覇はこのセンバツの1回のみで、夏はまだない。だが、このセンバツ優勝のほかに、徳島商には「幻の全国優勝」が一度ある。それは、戦時中の1942年(昭和17年)の夏に行われた「大日本学徒体育振興大会」においてだった。

この大会は、戦意高揚を目的として文部省（現・文部科学省）の主催で、ほかの武道などの競技とともに同時開催で行われた。本校は、平安中（現・龍谷大平安）との決勝戦を延長の末８－７で制して優勝するのだが、のちにこの大会は戦前から続いていた夏の全国選手権大会とは認められず、徳島商の優勝も「夏の甲子園」の正式な記録としては残されていない。

当時、徳島商の監督を務めていた稲原幸雄氏は、夜中まで続く猛練習で選手たちを鍛え上げ、徳島商野球の礎を築かれたまさに本校の「レジェンド」といっていい存在である（１９３２～１９４２年まで監督をされた）。

徳島商に入学してきた蔦さんが、野球部の激しい練習と猛者揃いの先輩たちを見て恐れをなし、テニス部に入部したというのは有名な話だ（その後、蔦さんは２年生になって野球部に入部した）。

稲原氏は「徳島県高校野球育ての親」ともいわれ、のちに日本高野連の副会長という要職に就かれた。私たちが現役の頃も稲原氏はグラウンドにしばしば訪れ、練習を見てくださっていた。ただ当時の私たちは、稲原氏がどれだけすごい方なのかをまったく理解していなかった。日本高野連の牧野直隆元会長のことを「牧野君」と呼んでいたので、「偉い人なのかな?」というくらいの認識だった。先輩たちにならい、稲原氏のことを選手間では「御大」と呼んでいた。

「幻の全国優勝」を飾ったチームの主将だった須本憲一さんは、卒業して明治大へと進み東京六大学でプレーすると、その後、東急フライヤーズに入団した(この頃の東急フライヤーズには、須本さんの先輩である蔦さんも在籍していた)。

現役引退後、須本さんは母校に監督として復帰。須本監督率いる徳島商は、1958年夏の甲子園で準優勝を果たす。そして、このときのエースこそ、いまでも夏の甲子園の不滅の奪三振記録を持つ板東英二さんだった。

この大会の準々決勝で、先述した「1分」の試合があった。準々決勝の魚津(富山)戦は両チームエースの投げ合いとなり、延長18回を戦い0−0の引き分け。翌日再試合が行われ、3−1で徳島商が勝利した。

板東さんは2日間で27回を投げ抜き、さらに翌日の準決勝・作新学院(栃木)戦でも4−1で完投勝利を挙げる。しかし、4連投となった決勝の柳井(山口)戦で打ち込まれて0−7で敗れ、準優勝となった(もちろん決勝でも完投している)。再試合も含め、全6戦をひとりで投げ抜いた板東さんが樹立した大会通算「83奪三振」は、いまだに破られることのない大記録である。

須本さんは、先述した稲原氏直系の教え子である。須本さんの練習も稲原氏と同様に過酷を極め、板東さんの時代には部員が次々と辞めて人数が足りなくなってしまったという。サードのレギュラーも辞めてしまったことから、須本さんは「板東の球なら引っ張れない（当時は右打者が多かった）から、サードに打球は飛ばないだろう」と、急きょ男子マネージャーをサードに起用したそうだ。

ちなみに徳島商の監督は、学校の教員ではなく、外部から招いた指導者が就くことがとても多かった。徳島商のOBかつ教員で監督を務めた人は本当に少なく、稲原氏、須本さんがOB兼教員監督であり、私がその3代目か4代目である。私が現役時代に指導していただいた佐川由衍監督は、徳島商OBだったが教員ではなく、日本生命から出向という形で監督を務めておられた。

徳島商の監督は在任期間が短いことでも知られ、創部114年目を迎えようとしているいままでの歴史の中で、何十人もの多くの方々が監督を務めている。私もそれが当たり前だと思っていたが、これだけ監督が目まぐるしく交代してきた公立高校もあまりないだろう。私は2010年に監督に就任したので気がつけばもう13年になり、本校野球部の歴史の中で監督在任期間は最長となった。

徳島の勢力図
——県内の硬式登録私学は1校のみ

本項では、徳島の高校野球の歴史を紐解きながら、県内の勢力図の変遷をご説明していきたい。

戦前、春夏ともに徳島県勢としての甲子園出場は、徳島商がほぼ独占している。

・春　1935、1937、1939、1940年の4回出場
・夏　1937、1940年の2回出場
　※徳島商以外では、1938年に行われたセンバツ〈第15回大会〉に撫養中〈現・鳴門〉が出場しただけである

戦後は、鳴門と徳島商の時代が長く続く。そこに、1970年代後半から蔦監督率

いる池田が頭角を現し始め、1982年に池田が徳島県勢として初の夏の甲子園優勝を成し遂げる。

以降は池田、鳴門、徳島商の三強に加え、80年代後半から小松島西が台頭。さらに2000年代に入ると鳴門工も甲子園常連校へと成長していく。また、手前味噌な話で恐縮だが、私が小松島を率いていたときも春夏計4度の甲子園出場を果たしている。

2010年以降は、「鳴門一強」といっても過言ではない状況が続いている。2012年に鳴門工と鳴門第一（元鳴門商）が合併して誕生した鳴門渦潮は、2017年の夏の甲子園に初出場した（鳴門工時代からいえば9年ぶりの出場）。

令和に入ってから、常に上位を伺う強豪は鳴門、徳島商、鳴門渦潮、阿南光の4校である。城東や城南といった進学校にも近年はいい選手が揃っており、前述の4校を「隙あらば」と常に狙っている。

また、近年着実に力を伸ばしてきているのが、県内唯一の私学である生光学園である。県の高野連（硬式）に登録している私学が、徳島は生光学園の1校のみ。さらに生光学園は1980年の創部以来、甲子園出場がまだない。そのため、徳島は全国で唯一、私学の甲子園出場がない県としても知られている。

２０２４年の夏の大会を迎えるにあたり、生光学園のエースであり、最速１５３キロの速球が武器の川勝空人投手は要注意の存在である。２０２３年の夏は２年生エースとして奮闘し、ベスト４に進出。新チームとなった秋の大会でも、生光学園はベスト４まで勝ち上がっており、来る夏の大会では優勝候補の一角となるに違いない。

２０２３年の秋の県大会で３位に入り、その後の四国大会では決勝進出を果たした阿南光も、投打ともにいい選手が多く怖い存在だ。夏の大会はここに挙げた生光学園、阿南光に加え、常勝の鳴門、鳴門渦潮なども強いチームを作り上げてくる。うちはこの４校に比べると、戦力的に劣るのは否めない。２０２４年の夏に向けて、現部員と新入生の力も加えた総合力で立ち向かっていくしかないと考えている。

徳島商出身のプロ野球選手たち

徳島商の長い歴史の中で、プロ野球界入りを果たした本校ＯＢは先に述べた蔦さん

や板東さんなども含め、現在までに21人いる。年代順に挙げると、

林義一　東急フライヤーズ
蔦文也　東急フライヤーズ
平井三郎　阪急ブレーブスほか
須本憲一　東急フライヤーズ
板東英二　中日ドラゴンズ
大坂雅彦　近鉄バファローズほか
多田勉　広島東洋カープ
広野功　中日ドラゴンズほか
三好幸雄　広島東洋カープほか
鵜飼克雄　日本ハムファイターズほか
松村憲章　ヤクルトスワローズ
中本茂樹　ヤクルトスワローズ
広永益隆　福岡ダイエーホークスほか
藤本俊彦　オリックス・ブルーウェーブ

佐々木健一　中日ドラゴンズ
川上憲伸　中日ドラゴンズほか
加藤竜人　北海道日本ハムファイターズ
牛田成樹　横浜ＤｅＮＡベイスターズ
平岡政樹　読売ジャイアンツ
杉本裕太郎　オリックス・バファローズ
石上泰輝　横浜ＤｅＮＡベイスターズ

２０２３年のドラフトにおいて、ベイスターズから4位指名を受けた石上泰輝（東洋大）が、直近のＯＢプロ野球選手となる。石上は私の教え子でもあるので、次項で詳しくお話ししたい。

ＯＢの中でメジャーリーグまで上り詰めたのは、川上憲伸ただひとりである。現役選手の中で、近年一番の活躍を見せているのはオリックスの杉本裕太郎だろう。千葉ロッテマリーンズと戦った２０２３年のクライマックスシリーズ・ファイナルステージにおいて、彼は4試合で14打数6安打３打点（打率４割２分9厘）を挙げ、クライマックスシリーズのＭＶＰを獲得した（２０２１年にも獲得しているので、２年ぶり

2度目の受賞となる）。

体も小さく、ひ弱だった石上泰輝の高校時代

石上は本校を卒業して東洋大に進み、広角に鋭い打球を飛ばす俊足の巧打者として注目され、2023年のドラフト会議においてベイスターズから4位指名を受け、晴れてプロ野球選手となった。

私が初めて石上を見たのは、彼が中学3年生のときである。石上が所属するチームの視察に行ったのだが、実は私の目当ては彼ではなく別の選手だった。

当時の石上は体も大きくなく、打順は9番。バッティング練習を見ていてもまったく目立つ存在ではなかった。しかし、内野ノックを見ていたとき、セカンドを守っている彼の振る舞い、身のこなしを見てピピッときた。彼の中学は鳴門市にあったが、鳴門も石上の存在はノーマークだった。「ぜひうちを受験してほしい」と彼に声をか

けたところ、徳島独自の入試制度で合格して、本校に入学することになったのだ。入学当時の石上は、足は速かったが身長は162～3㎝程度でパワーもなかった。守備はよかったので、1年のとき（2017年）はセカンドを守らせていた。

右投げ左打ちで、バッティングには柔らかさがあった。非力だったため、パワーがつくまでは打撃の基本である「インサイドアウトのスイング」を徹底して練習した。さらに「ショート方向に鋭い打球を飛ばすイメージで打て。それ以外のバッティングはしなくていい」と、まずはミート力を磨くことに注力させた。

石上が1年生のときから遠征などに同行させ、夏の大会にも1年生で唯一ベンチ入りをしている。1年生の終わり頃、送球にやや難があったため外野を守らせたこともある。2年生のときは、外野の守備要員としてベンチ入りしていた。秋の新チームになり、送球が安定してきたので本来の内野手に戻し、レギュラーとして試合に出場するようになった。

石上の代はそれほどすごいメンバーが揃っていたわけではないのに、秋季大会で鳴門にコールド勝ちするなどして準優勝となり、四国大会に出場することができた。このときは県大会・四国大会で、彼はスタメン・セカンドで打順は3番。1回戦の英明戦は6－4で勝利したものの、2回戦の準々決勝で高知商に1－2で敗れた。

秋季四国大会では、「体力技術検討委員会」として、遠投、ベーラン（ベースランニング）、ロングティー、この3つの種目を各チームから選出された選手たちが競うイベントがある（1種目にひとり選出。3つの種目を同じ選手がやってもいい）。石上は遠投とベーランに出場して、ともに1位となった。たしか、遠投は110m以上、ベーランは13秒8を切って1位だったように記憶している。

このとき、私は「3冠を獲るチャンスだから、ロングティーも出ろ」と石上に言ったのだが、当時のうちの4番が超パワーヒッターだったため「あいつには勝てないから、あいつを出してください」と石上は断ってきた。そして石上の言う通り、うちの4番がロングティーでは1位となり、徳島商として3冠を記録した。

2年秋以降の石上はそれまでの特訓が実って、鞭のようにしなるバッティングができるようになり、広角に長打も打てるようになっていた。そして、春からは元々の想定であったショートを守らせ、以降はショートのポジションに定着した。

あれは、石上が3年生の5月頃だったと思う。関西に遠征した際、そこに東洋大の関係者の方がいて、石上はその試合で2本のホームランを放った。東洋大の方から

「森影先生、あの子はもう進学先は決まってますよね」と聞かれたので「いえ、まったく決まってません」と答えた。彼の東洋大進学は、この日の活躍がきっかけである。

最後の夏の大会では準決勝で鳴門と当たり、石上はランニングホームランを打ったものの３－４で敗れた。当時の石上はプロからも注目されていたが、ご両親などとも相談した結果、東洋大にお世話になることにした。当時、東洋大の監督だった杉本泰彦さんは徳島の出身で、現在は海部の監督をされている。

石上が中学のときに私が声をかけなければ、彼はきっと地元の鳴門を受験していたと思う。高校時代の彼は、非常にストイックな選手だった。多少浮ついたところもあるのが高校生だが、彼は淡々と、真剣に、毎日の練習に取り組んでいた。まわりに影響されず、自分の道を切り拓いていけるタイプである。「心技体」の備わった彼なら、きっとプロでも活躍してくれるに違いない。後輩たちのためにも、一日も早く一軍でプレーしてくれることを願っている。

私の高校時代の思い出
――3年最後の夏、池田、鳴門商の優勝候補2校を破って優勝

私が徳島商に入学したその年（1979年）、池田が夏の甲子園で準優勝を飾った。池田は1974年のセンバツでも準優勝を果たしており、まさに池田の黄金期の幕開けともいえる時期に、私は同じ県の高校でしのぎを削っていたのだ。

私は1年の夏からベンチ入りしていたものの甲子園には届かず、3年最後の夏（1981年）を2番・センターとして迎えた。その年のセンバツには鳴門商が出場していたため、夏の優勝候補はその鳴門商と勢いに乗る池田だといわれていた。

私たちは、準々決勝でその池田と戦うことになった。当時の池田には、のちにプロ野球選手となる畠山準が2年生エースとして君臨していた。

この大会では、うちのエースも2年生である左腕・遠野誠明が担っていた。遠野は2回戦の鳴門工戦で完封勝ちを収めるなど、投げるたびに調子を上げていった。しか

し、正直なところ、私たちは優勝候補の池田には「勝てっこない」と思っていた（その理由に関しては後述）。

池田との準々決勝は両2年生エースの投げ合いとなり、1－1の同点のまま延長戦に突入。延長10回も両チームともに無得点に終わり、私は「この試合は、一体いつまで続くんだろう」と思ったのを記憶している。それくらい、両エースのピッチングがすばらしかったのだ。

そして迎えた11回裏に私たちは1点を挙げ、池田を相手に奇跡のサヨナラ勝ちを収めた。続く準決勝は阿波に3－0で勝ち、決勝の相手はもうひとつの優勝候補である鳴門商に決まった。

遠野は決勝戦でも絶好調で、6－0の連続完封勝利を記録。徳島商は、3年ぶり12回目となる夏の甲子園出場を決めた。遠野は全5試合をひとりで投げ抜き、失点は池田戦の1点のみ。あとの4試合はすべて完封勝ちという、文句なしの鮮やかなピッチングだった。

夏の大会前、私たちは先述したように「池田と鳴門商には勝てっこない」と思っていた。でも、遠野の好投に乗せられて、チームのバッティングも試合ごとによくなっていった。私たちがこのとき甲子園に行けたのは、間違いなく遠野のおかげである。

最初で最後の甲子園では横浜と対戦

私にとって、最初で最後の甲子園となった「第63回全国高等学校野球選手権大会」。初戦の相手は、その前年にエース・愛甲猛投手の活躍で全国優勝を果たした横浜に決まった。

徳島商は3年ぶりの出場ということで、甲子園経験者はひとりもいなかった。逆に横浜は、前年の優勝もあってベンチ入りメンバーには甲子園経験者が多く、大会前からマスコミにも注目されていた。

横浜のエース・長尾和彦投手は、サイドスローから繰り出す変化球（カーブやシュート）の切れが抜群だった。キャッチャーで主将の片平保彦選手（元横浜大洋ホエールズ）は、前年から正捕手として愛甲投手のボールも受けており、このバッテリー以外にも横浜にはいい選手が揃っていた。

そんなタレント揃いの横浜を相手に、遠野が甲子園のマウンドでも堂々たるピッチングを披露した。試合は9回表、横浜の攻撃が終わって1－1の大接戦。そして9回裏、うちが2アウト・ランナー一二塁とサヨナラ勝ちのビッグチャンスを迎える。ここで打席に立った9番・木内稔彦が、センターに抜けるヒットを放つ。二塁ランナーは、ピッチャーの遠野だった。ベンチにいた私たちは、センターに抜ける打球を見てサヨナラ勝ちを確信した。しかし、センターから矢のような好返球があり、惜しくもホームでタッチアウト。県大会の池田戦を再現したかのような展開で、試合は延長戦に突入した。

11回表、私たちは1アウト・ランナー二三塁の大ピンチを迎えたが、バッテリーがスクイズを外して2アウト・ランナー三塁。その後、三遊間を抜けようかという当たりをサードが好捕して、ピンチをしのいだ。

試合は進んで延長13回表、1アウト満塁、カウントは3ボール1ストライク。ここで遠野はカーブを投げた。相手はスクイズをしてきたが、カーブが高めに外れて球審の判定はボール。押し出しで1点を勝ち越され、さらにその後内野のエラーで1点を追加され、点差を2点に広げられてしまった。

裏の攻撃では、私がトップバッターだった。長尾投手はインコースが多かったので、私はそのインコースを待った。3球目、待っていた球が来たのでフルスイングをしたが、色気が出たため打ち損じてファウルに……。その打席で私はセカンドゴロに抑えられ、そのままうちは無得点に終わって万事休す。前年の優勝校を相手に互角に戦ったが、私たちは1－3の初戦敗退となった。

負けはしたものの、最初で最後の甲子園は私にとって大切な思い出となっている。開幕前の事前練習で初めて甲子園の土を踏んだときは、「これが甲子園か」と武者震いが起きた。センターでノックを受けたが、緊張のあまりフライを1球もまともに捕れずに終わった。当時の甲子園にはまだラッキーゾーンがあり、内野の黒土と外野の芝のコントラストがとても美しかったのを鮮明に覚えている。

試合中の思い出としては、センターからバッターを見ると膝から下が見えないことにまず驚いた。甲子園はマウンドを中心にグラウンド全体が傾斜しているため、センターからだとバッターの膝から下がマウンドに隠れて見えないのだ。また、延長戦となった試合は第4試合だったこともあり、延長に入ってから照明が灯された。甲子園では1試合しか戦えなかったが、ナイターも体験できたのは青春時代最高の思い出である。

「攻めダルマ」蔦文也監督率いる池田の野球

私が徳島商野球部に入部したときに、同級生は40人いた。しかし、部活の上下関係の厳しさや、激しい練習に耐えられず次々と選手は辞めていき、結局3年時に残っていたのは8人だった。でもその分、この生き残った8人は結束力があり、60歳となったいまでもつながりは深い。

最後の夏の大会、私たちは優勝候補の池田に勝ってから勢いに乗った。先述したように、私たちは「池田には勝てっこない」と思っていた。なぜなら、私たちは春の大会で池田と決勝で当たり、4－18という大敗を喫していたからである。

私たちは、2年生エースの畠山から4点を奪ったものの、池田の凄まじいバッティングにやられた。当時はまだ「やまびこ打線」と呼ばれる前だったが、その片鱗がこの頃から現れていたように思う。

私たち3年生は、夏の大会のトーナメント表を見て池田と当たる日を逆算して、「引退まであと○日」とカウントダウンの冗談を言い合っていた。ところが、遠野のおかげで池田に勝ち、甲子園にも行くことができた。春の池田戦でも遠野は先発だったが、大敗を喫して考え方や練習への取り組み方を変えたのだろう。夏までに、彼は「心技体」すべての面でとても成長していた。

遠野のピッチングでとくにすばらしかったのは、制球力とカーブである。彼の投げるカーブは切れや落差など、どれを取っても一級品だった。

このとき2年生だった遠野は翌年の夏、決勝でエース・畠山を擁する池田と当たって3－6で負けてしまった。その試合で、4番・畠山を挟むようにクリーンアップを担っていたのが2年生の水野雄仁（元読売ジャイアンツ）と江上光治（翌年のキャプテン）だった。1番から9番まで、切れ目なく長打を放つ超強力打線を目の当たりにしたマスコミは、池田のことを「やまびこ打線」と呼ぶようになった。ちなみに、水野たちが3年生になったときの夏の大会でも徳島商は決勝で池田と対戦し、1－4で敗れている。

池田は1974年のセンバツで準優勝を果たし、このときはベンチ入りしている選手が11人しかいなかったため「さわやかイレブン」の名で高校野球ファンに親しまれた。先にお話ししたように、私が高校に入った年の夏にも池田は甲子園で準優勝しており、この頃から池田の強力打線は県内でも脅威となっていた。

私が徳島商を卒業した後、池田は「やまびこ打線」で初の全国制覇を成し遂げ、破壊力ある打撃が有名になった。「やまびこ打線」が全国区となり、池田のバッティングとウエイト中心の練習が、たびたびマスコミにも取り上げられた。積極果敢に相手を攻撃する蔦監督の采配を見て、マスコミは蔦監督のことを「攻めダルマ」とも呼ぶようになった。

だが、池田でプレーしていた私の小学校からの友人によると、蔦監督はバッティング練習をたくさんやらせはしたが、細かい野球（送りバントやスクイズ）の練習もちゃんとしていたそうだ。もちろん、守備練習も決して疎かにはしなかったという。徳島商出身の蔦監督だけに、やはり守りをベースとした「徳商野球」の血が受け継がれていたのだと思う。

徳島商の指揮官として、2011年夏に甲子園出場

第2章で詳しく述べるが、私は県内のいくつかの高校で監督を務めた後、2010年に母校である徳島商に異動となり、同時に野球部の監督に就任した。

現在、オリックスで活躍している杉本裕太郎が青山学院大でプレーしていた頃、オフに本校を訪ねてきたことがあった。そのとき、彼は「森影先生、なんでもっと早く徳商に戻ってきてくれなかったんですか。先生が来ると思って徳商に来たのに、来るのが遅いですよ」と言われた。彼は、私が本校に着任する直前の2010年3月に卒業していた。

杉本にそのように言われて悪い気はしなかったが、私も教員なので教育委員会の指示に従っていただけである。前任の小松島での指導が10年を超えていたため「森影先生もそろそろ異動だろう」と、毎年のようにあちこちで噂されているのは私も知って

いた。

そして、徳島商に異動して2年目の2011年夏、私たちは4年ぶりの甲子園出場を決めた。すべては選手たちのおかげだが、赴任2年目で母校での甲子園出場を果たし、私にとってはうれしさよりも安堵のほうが大きかった。

このときの県大会で一番記憶に残っているのは、準決勝の小松島戦だ。小松島の3年生の選手たちが1年生のとき、私は彼らとともに毎日を過ごしていた。彼らが入学してくる前に中学に視察に行き「一緒にやろう」と声をかけたのもこの私である。「この子たちが3年生になったら、ポジションはこうで、打順はこうで……」とイメージもしていた。この代でエースを務めていたのが増田大輝（読売ジャイアンツ）で、彼はキャプテンでもあった。

増田たちの代には期待していたこともあって、基本的なことから実戦的な走攻守の細かいプレーまで、いろんなことを徹底的に教え込んでいた。スクイズをやるタイミング、外し方、さらには間合い、駆け引きに至るまで、相当練習していたので小松島と戦うことが決まり「スクイズのサインは出せんな」と思ったものだ。

準決勝では、本来ならば送りバントを用いる場面でも、エンドランなどを積極的に仕掛けた。試合は両投手の好投によりロースコアの展開となり、1－1のまま9回裏、徳島商の攻撃を迎えた。私たちがランナーを三塁に進めると、増田はスクイズを意識しすぎたのだろう。投球がワイルドピッチとなり、三塁ランナーがホームイン。最後はあっけない幕切れで試合は終わった。

試合後、小松島の選手たちが私を待っていて「先生、最後のミーティングをしてください」と増田が言ってきた。彼らが私をまだ慕ってくれていたことに感謝の意を表しつつ、私は彼らに最後のミーティングを行い、ここまでのがんばりを称えさせてもらった。

決勝の生光学園戦は、接戦が予想された。試合前、私は選手たちを安心させるために「接戦になったら俺が勝たせたるから」とみんなに話をした。

予想通り、試合はもつれた展開となり、延長戦は13回まで続いた。お互いにいろんなミスもあったが、最後は1アウト満塁からの押し出しフォアボールで、この試合も準決勝と同様にうちがサヨナラ勝ちを収めた。

私にとって、このときの甲子園は、小松島のときに出場した2008年のセンバツ以来3年ぶりのことだった。徳島商としては4年ぶりの甲子園となり、直近に出場した２００６年夏、２００７年夏ともに初戦敗退で涙を飲んでいたため「まずは１勝」を合言葉に甲子園に乗り込んだ。

私たちは、初戦（２回戦）の藤代戦を３－１で突破。３回戦は光星学院（現・八戸学院光星）と当たることになった。当時の光星学院には、２年生の注目選手として田村龍弘捕手（千葉ロッテマリーンズ）と北條史也遊撃手（元阪神タイガース）などがいて、選手層がとても厚かった（彼らは、この大会から３季連続甲子園準優勝という好成績を挙げる）。

試合では、そんな強豪の光星学院を相手にうちも対等に渡り合ったものの、５－６で惜敗。４年ぶりの甲子園は、３回戦敗退で幕を閉じた。

２０２３年夏、エース・森煌誠が大活躍

徳島の夏の大会のシード権は、秋と春の大会の勝利数の合計点によって決まる。２

022年の秋、私たちは県大会で3位に入って四国大会に進出するも初戦敗退。20
23年の春は、準々決勝で阿南光に9回サヨナラ負けを喫した。その結果、夏は鳴門、
鳴門渦潮、城東、阿南光の4校がシードに決まり、私たちはノーシードとなった。

新チームになってから、森煌誠にエースナンバーを背負わせた。第4章で詳しくお話しするが、森は高校になってから本格的にピッチャーを始めたため、秋の時点では「エース」と呼ぶにはあまりにも程遠い実力だった。準決勝で鳴門に4－9で負けて、3位決定戦で城東には勝ったが、森の出来は決してよくはなかった。

四国大会では、1回戦の高松商戦で1－9の7回コールド負け。9失点は4～7回の4イニングで喫したもので、森はうちのピッチングコーチに「途中でマウンドから降りたくなるくらい恥ずかしかったです」と試合後に言っていたという。本人もかなり落ち込んだようだが、この試合が彼にとってひとつの転機となった。

春の大会では、森がインフルエンザにかかった直後で、とても本調子と呼べる状態ではなく、2戦目の準々決勝・阿南光戦でリリーフ登板するもサヨナラ負けを喫した。その後、彼はU18の合宿に参加するのだが、ここでほかの全国レベルの選手たちから、とてもいい刺激を受けたようだ。3日間の合宿から帰ってきて、森の練習に取り組む

姿勢が変わり始めた。

春の大会が終わってから、それまでセカンドを守っていた真鍋成憧をキャッチャーにコンバートした。真鍋も森の成長に一役買ってくれた。

真鍋と森は、中学硬式野球チーム「藍住シニア」の出身である。真鍋は双子で、兄の至憧は鳴門のエースだった。夏の決勝は鳴門と徳島商の組み合わせとなったため、マスコミから「双子兄弟対決」としてずいぶん取り上げられた。

真鍋はチーム一、野球をよく理解していた。いわゆる「野球小僧」と呼ばれるタイプといっていい。試合中は扇の要として常にまわりを見て、的確な指示を出してくれた。森とは中学時代から一緒なので、お互いに気心も知れている。だから真鍋は、森に気兼ねなく意見することもできた。

本当は、真鍋を2年生の春からキャッチャーとして使いたかったのだが、肘の状態が思わしくなくレフトを守らせていた。2年生の秋季大会後にキャッチャーをやらせたものの、3年生の春前に今度は足首を痛めてしまい（長時間、座っている姿勢が保てなくなった）、元々守っていたセカンドに回した。そんなこともあって、足首の状態が万全になった春の大会終了後から、真鍋にキャッチャーを任せたのである。

配球は私が指導しながら覚えてもらったが、真鍋は持ち前の野球脳ですぐに配球の組み立てを覚えていってくれた。キャッチャーに復帰した当初は、森の投げる低めのストレートを捕るのに苦心しているようだった。それでも真鍋は、私の起用に応えようとがんばってくれた。

森は高校からピッチャーになったこともあり、フィジカルだけでなく、バッターとの心理的な駆け引きなどに関しても私は一から教えた。

バッターが出塁したとしても、それが打たれたランナーなのかフォアボールで出たランナーなのかによって、次の展開は違ってくる。だから、次の展開に探りを入れるためにも「牽制しなさい」「間合いを外しなさい」「長くボールを持っていなさい」など、細かい動きの指導をたくさん施した。

ストレートを2球続けるにしても、2球目を投げるときの間合いを長くすると、バッターは打ち損じてファウルになることが多い。そういった具体的なことを教え、それが実際に起きると、本人も「ホンマじゃ」と納得して覚えてくれる。そんなことを繰り返しながら、私は森にピッチャーとしての動き、心得を教えていった。森自身もピッチングの奥深さを知れば知るほど、貪欲に野球を学んでいくようになった。

森の投げる球種は基本的にストレート、カーブ、スプリットの3種類。当初はスライダーも投げていたのだが、あまり曲がらず痛打されることが結構あったので、夏の大会直前にスライダー禁止令を出した。森は縦のカーブがよかった。だから、私は森に「140キロ台後半のストレートと、カーブだけあれば十分抑えられるから」と説得した。

こうして、森自身の成長とキャッチャー交代の相乗効果により、森のピッチングは日増しによくなっていった。

夏の大会前、私は「甲子園に行ける」という手応えより、「森のすばらしいピッチングを全国の人に見てもらいたい」と思うようになっていた。私の監督歴33年の中でも、森は間違いなくナンバー1のピッチャーである。

そして迎えた夏の大会、森は私たちの期待に応え、全5試合をひとりで投げ切り、徳島商に優勝をもたらしてくれた。1回戦の小松島戦は雨で2日流れ、調整が難しかったと思う。試合の中盤までは、ピッチングを組み立てるのに苦労している様子だったが、終盤以降は本来の調子に戻り、私も安心して見ていることができた。

私たちは決勝の鳴門戦まで全5試合を戦い、すべての試合で4得点して勝利した。

でもそれは逆に言えば、うちの打線が「4点しか取れない」ということでもある。ただ「森がいれば4点で十分」と、チームのみんなが森に全幅の信頼を寄せていたのも事実だ。

「双子対決」として騒がれた鳴門との決勝を4－1で制し、私たちは12年ぶり24度目の甲子園出場を決めたのだった。

甲子園での戦い
――キャプテン・森の心身の成長がチームを強くした

2023年夏の甲子園（第105回全国高校野球選手権記念大会）で私たちは、1回戦で3年連続出場の愛工大名電と対戦した。

1回裏、相手の攻撃でいきなり1点を取られ、さらにランナーを一塁に置いてライト前ヒットを打たれた。このとき、三塁を狙ったランナーを、ライトの森口圭太がレーザービームの好送球でアウトにしてくれた。森はこのアウトで落ち着きを取り戻し、それ以上点を取られることはなかった。

2回裏の森のピッチングを見たときに、「今日は大丈夫だ」と私は確信した。それにしても、1回裏に森口のあの好送球がなければ、試合はもっと違った展開になっていただろう。それくらい、うちにとっては大きなプレーだった。

事前のマスコミ情報では、愛工大名電も森対策は相当していたようだ。しかし、実際の試合では、相手打線が森のスプリットとカーブにまったく合っていなかった。

愛工大名電の投手層は厚く、先発の3年生に加え、控えの左右の2年生ピッチャーもとてもいいと聞いていた。1回に先制されて、私は「先発が投げている間に、逆転をしなければならない」と考えていた。すると、うちの打線が3回に2得点して、すぐさま逆転に成功。2回以降の森は、いつも通りのピッチングをしてくれていたので、私は何の不安も感じることはなかった。

こうして、森が愛知の私学四強の強力打線を111球、1失点のすばらしいピッチングで抑えてくれて、私たちは2－1で競り勝つことができた。

2回戦は、優勝候補のひとつに挙げられていた智辯学園と戦うことになった。試合は初回にうちが森口の犠飛などで3点を先制するも、この日の森は本調子とは程遠い投球内容で、強力打線に計18安打を浴びて力尽きた。試合は6－12の大敗となったが、うちの打線も終盤の8・9回に計3点を返すなど意地を見せてくれた。

1回戦では森の調子がとてもよかったため、この日も3点を先制したことで、チーム全体に「逃げ切ってやろう」という考えが出すぎてしまったように思う。県大会の5試合をひとりで投げ抜き、甲子園の1回戦でも完投した森は、私の想像以上に疲れが蓄積していたようだ。試合がもっとも暑い時間帯の11時前から開始されたことも、彼の体力を消耗させる大きな要因となってしまった。ストレートはいつもより2～3キロ遅く、変化球にも切れがまったくなかった。

試合後、私は選手たちに「よくここまでがんばってきた」と労いの言葉をかけた。実は新チームとなった前年秋以降、私は彼らに「このチームは徳商史上、最弱のチームだ」と言い続けてきた。3年生にリーダーとなるべき存在がおらず、チーム全体の実力もない。確かに森は、他校のピッチャーより多少はよかったかもしれない。でも練習試合では、よく打たれて負けていた。それなのに、「自分たちは結構強い」と勘違いしている選手がとても多かった。だから、私は彼らに「お前らは最弱や」と言い続けたのだ。

私は、あえてエース候補でもあった森をキャプテンに指名した。新チームになったばかりの頃の彼は「ただの責任者」といった感じで、みんなから信頼されてチームを引っ張っていく「真のキャプテン」ではなかった。私は森がすばらしいピッチャーとなるには、精神的な成長も不可欠だと考え、彼をキャプテンに任命したのである。

森の精神的な成長とともに、チームにまとまりも出てきた。そして結果として、彼らは森を中心にチームとしての「足りないもの」に気づき、「では、どうするべきか?」を考えて練習に取り組むようになってくれた。選手たちのこの自主性があったからこそ、私たちは12年ぶりの甲子園出場ができたのだと思う。

徳島商のこれからの課題
——今後の森投手に期待すること

2023年に甲子園出場ができたのは、ここまで述べてきたようにエースであり、キャプテンでもあった森の存在が非常に大きい。だが、12年ぶりに甲子園に出場して、やはり甲子園で勝ち上がっていくためには柱となるピッチャー、計算できるピッチャーが複数名必要だということを再認識した。

甲子園の登録人数（ベンチ入りメンバー）が、18人から20人になったのは大変ありがたい。今回のベンチにも、森の後を受ける2番手、3番手の投手を一応用意はしていたが、森との力の差があまりにも大きすぎた。県大会では控えをリリーフで使うことも考えたが、万が一そこで大量点を取られたら、彼らの夏は終わってしまう。だから、森一本で行かざるを得なかった。

理想をいえば、エース級のピッチャーを2枚、3枚と揃えたい。しかし、有力選手が県内の公立強豪校に分散してしまう徳島県の現状においては、それを実現するのもなかなか難しい。

ぜいたくを言えばキリがないが、甲子園に出るからにはやはり決勝まで行ってみたいという思いは当然ある。徳島の現状を踏まえながら、「では、甲子園で勝ち上がるチームを作るにはどうしたらいいのか？」をこれからも考え、試行錯誤を繰り返しながら頂点を目指していきたいと思う。

甲子園の後の8月下旬から9月上旬にかけて、森は高校日本代表「侍ジャパン」の一員として、台湾（台北）で行われた「第31回WBSC U－18ベースボールワールドカップ」に参加した。

森はこの大会中、オープニングラウンドのアメリカ戦とスーパーラウンドの台湾戦にリリーフとして登板した。

アメリカ戦では最終回の7回、4－3の1点差に詰め寄られ、なおも2アウト・ランナー一二塁のピンチで、4番手として森はマウンドに上がった。森はここをしっかりと抑え、日本の勝利に貢献した。

台湾とのスーパーラウンド3戦目、森は2番手で登板したものの3回48球、被安打3、失点2とあまりよくない投球内容だった（ただ、日本は勝敗に関係なく、次の台湾との決勝戦に進めることは決まっていた）。決勝はみなさんもご存じのように、大阪桐蔭の前田悠伍投手（福岡ソフトバンクホークス）が完投勝利を挙げ、U18日本代表は悲願の初優勝を果たした。

テレビ中継で見た森は体調は戻っているようだったが、甲子園から続いていたフォームのわずかな乱れを修正できていなかった。森は調子が悪くなってくると、突っ立って投げるようなフォームになりがちである。愛工大名電戦が終わった後くらいからその兆候が出ていたのだが、大会中に細かいことを指摘して逆に彼の調子を落としてしまっても困るので、私は何も言わなかった。

森は卒業後、社会人野球の名門であるＮＴＴ東日本に進む。今後は、自分自身で好不調の波を感じながら、修正していく力が求められる。

また、彼はピッチャーを始めて日が浅いこともあり、ちょっと打ち込まれると「今日は調子が悪い」と思いすぎてしまう傾向もある。うまくいかないときのメンタルの在り方、心の持ち方もこれからは覚えていく必要があるだろう。

社会人野球には、大学野球とはひと味もふた味も違った厳しさがある。そのプレッシャーが、森にとってプラスになるのかどうか。彼は高校になってからピッチャーに本格的に取り組んだので、伸びしろは相当ある（というより、伸びしろしかない）。３年後、ドラフトで選ばれるようなピッチャーとなるべく、がんばってやっていってほしい。

第2章

私の球歴

野球との出会いから指導者となるまで

〝雷親父〟に鍛えられた幼少期

私は、生まれも育ちも徳島県徳島市である。野球好きの父の影響で、幼い頃からキャッチボールをするなどして野球にも慣れ親しんできた。父と一緒に、阪神タイガースの試合を観に甲子園にもよく出かけた。当時の私は長嶋茂雄さんが大好きだったので、巨人ファンだった。

父は野球経験者ではなく、高校時代はソフトテニスをしていた。その血は私の弟に受け継がれたようで、弟は大学までソフトテニスを続けて、高校時代には全国ベスト8入りも果たしていた。

テニスをしていた父だが、運動神経がよかったので野球をさせてもとてもうまかった。父は私の小・中学校時代にＰＴＡ会長もしていて、ＰＴＡのソフトボール大会で父が大活躍していたのを覚えている。

小学生の頃に父とバッティング練習をすると、至近距離から速い球を投げてきて「これを打て!」と鍛えられた。普段から滅茶苦茶怖い父だったので、どんなにきつい練習を課されても拒否することなどできない。いわゆるスパルタ的な指導によって、私の野球技術は磨かれていった。

絵に描いたような〝雷親父〟だった父は、私の友だちからも恐れられていた。私が友だちを家に招き、一緒に遊んでいて父の逆鱗に触れるようなことをしでかすと「お前ら、そこに立ってろ!」と怒鳴られ、家の外に立たされた。こんなことがずっと続いたので、いつしか我が家には誰も遊びに来なくなってしまった。

小学校は、地元の徳島市立昭和小学校に通った。本格的に野球を始めたのは、小学校3年生の終わり頃である。うちの小学校には学童野球チームがなかったので、同級生たちと一緒に「昭和ドラゴンズ」という野球チームを作り、そこで野球を始めた。

「誰かの父ちゃんに監督やってもらえんか?」

「誰かの父ちゃんに代表頼めんか?」

と、自分たちで一からチームを作っていった。野球好きの同級生を集め、セレクションも行った。あれは、3年生から4年生に上がる頃だったと思う。セレクションをして、野球のうまい子だけ16人を選りすぐってチームを作った（審査したのは、私を含めた数人の中心メンバー）。

当然、そのセレクションで選ばれなかった子たちもたくさんいた。すると、選から漏れた子たちが中心となって、また違うチームを立ち上げた。結局、昭和小にはドラゴンズを含め、3つの学童野球チームが誕生した。時代と言ってしまえばそれまでだが、いまと比べるといろんなことが緩やかで、伸びやかな時代だったと思う。

野球の名門、徳島商へ
——守りの野球の神髄に触れる

学童野球では、5年生のときに新人戦のような大会で優勝したこともあった。6年生のときにも、私たちのチームは市内大会などで何度か優勝した。でも、ひとつだけなかなか勝てない強豪チームがあった。そのチームは「和田島カモメ」といい、そこにいた1学年下のすごいバッターが畠山準だった（池田時代は甲子園でも大活躍してプロにも進んだが、当時の彼はピッチャーではなくバッターだった)。

小学校を卒業した後は、地元の富田中に進んで野球を続けた。富田中の野球部には、地域の3つの小学校(昭和小、富田小、新町小)から選手たちが集まっていた。当時の富田周辺には学童野球の強いチームが多く、私たち富田中野球部は出場した大会でほとんど優勝していたように記憶している。中学時代の私はショート、打順は1番か3番だった。

高校への進学は大学受験も考えて、当初は地元の進学校である城南に行くつもりだった。中学野球部の同級生の半分ほどが城南進学を予定していたので、高校でもみんなと一緒に野球をしたいという思いもあった。

ところが、高校進学のことを父に相談すると、開口一番「野球を続けるなら徳商に行け」と言う。「城南に行くなら勉強に専念しろ。野球はするな」と言われて、怖い父には逆らえないし、高校ではやっぱり野球もしたいし……ということで、私は徳島商に行くことに決めたのだ。

私が徳島商に入学すると同時に、野球部の監督が佐川由衎監督に代わった。佐川監督は徳島商OBで、高校2年のときに高校日本代表にも選ばれたほどの実力の持ち主だった。大学は立教大に進み、卒業後は社会人野球の日本生命でプレーした。現役を引退して出向という形で徳島商の監督を務めていたのだが、引退したとはいえ当時の佐川監督はまだ30代前半である。練習では実演してくれることも多く、バッティング練習では「お前らいいか、俺のバッティングを見ておけ」と言って、ものすごい当たりを連発していた。

佐川監督の指導は厳しく、練習はとてもきつかった。しかし、佐川監督は私の知らない高いレベルの野球をたくさん教えてくれた。高校で野球の奥深さに触れ、私は新たな野球の楽しさを知った。

私と一緒に入部した1年生は40人ほどいたが、その中で上級生たちと一緒に練習できたのは4人だけ。私はその4人の中に入り、夏の大会では私を含めた3人の1年生がベンチ入りを果たした（その夏は準々決勝で鳴門工に敗戦。県大会を制した池田が、夏の甲子園で準優勝となった）。

1年生の頃の守備練習では、中学時代からの定位置であるショートに入っていた。しかし、2年生になる頃には、どこでも守れる「ユーティリティープレーヤー」として使われることが多くなっていった。あの頃の私は自分の守備に自信を持っていたが、

「俺の武器はこれだ」という長所、強みに欠けていたように思う。

結局、高校時代は、ファースト以外のポジションはすべて守った。新チームとなる2年秋の大会では、エースナンバーをつけてキャッチャーもこなした。その後、キャッチャーをしているときに肩を痛め、3年生になるとセンターが私の定位置となった。

バッティング面でいえば、佐川監督の指示によって私は右打ちから左打ちに途中から転向した。佐川監督は、足が速く器用だった私の長所を生かそうと考えたのだろう。第1章で、非力だった石上をどう鍛えたかをお話ししたが、私は自分が身をもって体験したことをいまの選手たちに伝えることも多い。佐川監督に教えを受けていたあの頃の経験が、いまの指導にとても生かされている。

佐川監督には、戦術的にも細かいことをいろいろと教わった。徳島商の野球とは、ひと言で言えば「守りの野球」だと思う。ピッチャーが1点以内に抑え、打線は1～2点を入れて接戦をしのいで守り勝つ。犠打を用いてランナーを進め、1点を泥臭く取っていく。当時の高校野球は、ほとんどがそのような守り重視の野球だったが、徳島商の野球はその中でも「守りの野球」を徹底していたように思う。

よく言われることだが、野球の基本はキャッチボールである。だから佐川監督は、どんな練習よりもキャッチボールに時間をかけた。夏休みなど、午前中の練習はキャッチボールだけで1時間30分はやっていた。塁間までの近い距離でキャッチボールの基本を徹底して覚え、その後の遠投も30分以上は投げさせられた。炎天下で30分以上の遠投は本当にきつい。午前中の練習はキャッチボールの後、1周３００ｍほどある校庭を10周走って終わる。その後に昼食となるのだが、みんなバテてしまって弁当もろくに食べられなかった。

だが、それだけの長い時間をかけてキャッチボールを続けていると、実際の試合では悪送球が目に見えて減っていった。徳島商伝統の「守りの野球」のベースには、このような徹底した基本練習の反復がある。令和のいま、私が選手たちにキャッチボールを1時間30分もやらせることはない。でも、「基本練習を疎かにする者に上達なし」と基本の大切さは常に説き続けている。

体育教師になるために日体大に進学
——将来指導者になろうとはまったく思わず

高校時代の私は、「将来体育教師になりたい」とは思っていたが、「野球の指導者になりたい」とはまったく思ってもいなかった。というより「野球の指導者」という発想そのものが、私の頭の中にはなかった。

本校野球部から同志社大に進む先輩は多かったので、私は同志社に進むことも一時は考えた。しかし、黒板に何かを書きながら一日の授業を教えるのは、「俺には向いていない」と本能的に察した。高校3年になって「やはり俺には、体を動かす体育教師のほうが向いている」と思い、体育大学進学を本気で考えるようになった。

田舎者の私から見ると、「体育大学といえば日体大（日本体育大学）」だった。大学事情に疎かった私は、大都市・東京にあって日本で一番有名な体育大学である日体大を進学先に選んだのだ。

第1章でお話ししたように、高校3年の夏に甲子園に出場できたこともあり、私は推薦で日体大に合格した。

当時の日体大野球部は、「来る者は拒まず」の姿勢だった。入部したい学生は、みな野球部に入部することができた。その結果、部員数は1学年に約100人。4学年合わせて約400人。ほとんどの選手が寮に入っていたが、自宅から通っている選手もいた。

入学当初は「甲子園出場選手」として、ほかの1年生たちよりも優遇された。でもその分、上級生からは目をつけられる。元来、私はちゃらけた性格なのだが、1年生のときは先輩の目を気にして控えめにしていた（しかしその辛抱も長くは続かず、2年生になる頃には素の私が徐々に出てきた）。

1学年に100人もの生徒がいて、しかも「来るものは拒まず」のチームであるため、選手たちの実力はピンキリだった。私のような甲子園出場経験者はざらにいて、それぞれの地域で注目されていた強豪私学の有名選手がたくさんいた。その中でも一番輝いていたのは、のちにロッテオリオンズからドラフト2位指名を受けて入団することになる園川一美である。そういった実力者たちの中に入ると、私はまったく目立たない存在となっていた。

　大所帯のチームだったので、同級生でも会話をしたことのない選手がたくさんいた。さらに2年、3年となって下級生が増えると、名前も知らない選手のほうが圧倒的に多くなっていった（先輩の名前は覚えていないと大変なことになるので、必死に覚えたものである）。

「世の中、上には上がいる」と思わせる実力者がたくさんいる一方で、野球素人のような選手もチームにはたくさん在籍していた。自分のレベルがそこまで高くないと理解はしていたものの、「こんな低レベルなやつらとやりたくない」と思ったりしたこともあった。

　当時の野球部は一軍から三軍まであり、私は二軍に入っていた。自分より実力が劣る先輩から文句を言われたりすると、腹が立ってしょうがない。2年生の終わり頃になると、私の野球に対する情熱も失せていた。しかし推薦で大学に入ったため、私が野球部を辞めると母校の後輩たちに迷惑をかけることになる。

「とりあえず、体育教師になるために4年間がんばろう」

　それだけを考えて、野球を続けた。

3年生になり、上平雅史監督に「選手としては限界なので、学生コーチになりたいんですが」と相談した。すると、監督から「ふざけるな」と怒られた。きっと、監督は「こいつはがんばれば一軍に入れる」と思ってくれていたのだろう。でも、私の気持ちが本気だとわかり、監督は学生コーチになることを認めてくれた。

学生コーチは研究班、グラウンドコーチ、トレーニングコーチ、審判団の4つに分けられており、私はグラウンドコーチになった。卒業後、野球の指導者になる考えはまったくなかったのだが、結果として学生コーチをした経験は、のちの私の指導者人生に大いに役立った。とくに2年間、選手たちにノックを打ち続けたことで、ノックの技術は格段に上がった。

大学卒業後、人生勉強となった3年間
——野球とは無縁の生活から人生で大切なものを学ぶ

日体大卒業後、私は野球とは無縁の生活を3年間過ごした。1年目は、徳島寮の舎

監を務めた。徳島寮とは、高校生たちに向けた県立の寮のことだ。徳島は交通の便が悪く、山間部に住んでいる生徒は都市部の学校には通えない。そういった山間部に住む生徒たちのために、比較的安い料金で利用できるように設けられたのが徳島寮である。当時の寮にはやんちゃな生徒もたくさんおり、私は寮の運営と生徒たちの管理を任されていた。

その後、2年目は特別支援学校の臨時職員、3年目は鳴門商勤務となり、そこでは女子の体操や新体操部の顧問も務めた。3年間の中でも、特別支援学校で過ごした2年目は、私の人生において貴重な体験となった。

私が勤めた特別支援学校は、国府支援学校である。私は、それまで健常者の中でずっと生活してきたので、障害のある子どもたちと触れ合うのは初めての経験だった。

国府支援学校は、小・中・高等部に分かれており、私は小学6年生のクラスを担当した。もちろん、最初はなかなか馴染めず、子どもたちに勉強を教えるというより、「指導とは何か」を先輩教員の姿を見ながら一から学んでいった。

椅子にじっと座っていることのできない子に、どうすればじっとしていてもらえるか。長く集中できない子に、どうすれば集中してもらえるか。初心者なりにいろいろと考え、最初の1カ月は慣れるだけで大変だった。

小学5年生以上は、先生と生徒が一緒に給食を食べることになっていた。食事中、急に立ち上がって動く子もいれば、叫ぶ子や駄々をこねる子などいろいろな子どもたちがいた。中には、食べたものを吐き出す子もいる。私たち教員が、とても落ち着いて食事をできる環境ではない。最初の頃はその壮絶な一日に圧倒され、給食はもちろん朝夕の食事もまともに取ることができなかった。

この支援学校での1年が、「私の人生にどう影響を与えたのか？」と聞かれると明確な答えに窮するが、障害があっても一生懸命生きている子どもたちと密に接し、私の人生観、価値観は明らかに変わった。また、指導者としての経験値も確実に増えた。

ひとつだけはっきり言えるのは、人間として辛抱強くなったということだ。「この子には、どう言ったらわかってもらえるのか」と、十人十色のアプローチの仕方があること、そして「一度言ってもわかってもらえない子には、辛抱強く接していくしかない」ということを私は学んだ。いま、母校で指導をしていて「この生徒（選手）にはどういう伝え方をしたら一番響くかな？」と考えられるのは、支援学校での経験があるからだ。

3年目には、鳴門商の商業科の教員が足りなかったので、私に臨時免許が発給されて赴任することになった。女子の体操、新体操部の顧問になったのは、それまでの顧問が転勤してしまったからで、私は名ばかりの顧問。部活動も見ているだけだった。「いずれはどこかの野球部の指導者に」という思いは、この頃もまったくなかった。

教員試験に合格して、那賀に赴任
――私の指導者人生の始まり

教員試験に合格した私は、鳴門商勤務の翌年（1989年）から、那賀に保健体育教諭として赴任することが決まった。赴任する際、「副部長として野球部も見てください」と言われて私は驚いた。徳島商で育った私は、「高校野球の指導者は外部の人しかできない」と思い込んでいたからである。

私が野球部の指導者になる気がなかったのは、別に指導者になるのが嫌だったからではない。その学校の教員が指導者になれるとは思っていなかっただけなので、私はその話をありがたく受けることにした。

　私が4月に赴任したときの野球部は1年生が10人、2年生が6人、3年生が10数人いて、やんちゃな生徒が多かった。夏に3年生が引退すると、試合では監督が采配を振ってはいたが、普段の練習を見るのは私の役目となった（この頃には、翌年から私が監督になることが内々に決まっていた）。

　推薦枠で取る中学生の勧誘活動も私が担当したが、那賀は別に野球が強いわけでもないし、新任コーチである私のことなど誰も知らない。そんなわけで、私が監督に就任した翌1990年の4月、野球部に入部してきた新入生はふたりだけだった。

　3年生6人、2年生10人、1年生ふたりの計18人で、私の監督人生がスタートした。やんちゃなタイプは多かったが、選手としての能力は高かった。1番・センターだった選手は、腕が根性焼きだらけ（中学時代に作ったという）だったため、試合では長袖のアンダーシャツを着用させた。

　監督として初めて臨んだ夏の大会では、何の因果か2回戦で優勝候補の徳島商と当たることになった。ところが、誰もが「那賀が大敗」と思っていたこの試合で、私たちは敗れたものの2－3という大接戦を演じた。このときのエースは、外野からピッチャーにコンバートした軟投派のサウスポーで、この起用が見事にはまった。強豪校に対してバッティングで立ち向かっても到底敵わないのだが、のらりくらりの軟投派のピッチャーを育てれば、ある程度は相手打線を抑えられることがわかった。ちなみに、徳島商は下馬評通りに優勝して甲子園に出場した。

3年生が引退した後の秋の県大会において、私たちはよもやの快進撃を続けて準優勝を果たす。そして四国大会に進み、そこでもベスト4に入る好成績を収めた。もしこのとき、センバツに「21世紀枠」があったなら、私たちは甲子園に出場できていたかもしれない。

2024年現在から考えれば34年も前の話だが、このときキャプテンを務めていた選手の息子がふたり、私が徳島商の監督となってから入部してきた。また、当時3番バッターだった選手の娘もマネージャーとして入ってきて、2023年の夏にエース・森煌誠たちと一緒に引退していった。

このほかにも、かつての教え子の子どもたちが、たくさん入部してきてくれている。これは、本当に指導者冥利に尽きることである。根性焼きだらけだった生徒は、いまミカン農家を営んでいて、毎年秋になると私にミカンを届けてくれる。

那賀では野球部を4年間指導した。短期間でそこそこの成績を残すことはできたが、毎年部員が思うようには集まらず、甲子園は「夢のまた夢」という感じだった。

あのとき、観音寺中央に勝っていれば……
――進学校での監督5年間

那賀に4年勤めた後、私は富岡西に異動となった。富岡西では、日体大の大先輩である仁木能業さん（智辯和歌山の髙嶋仁名誉監督の先輩）が野球部の監督を務めておられた。仁木さんはご自宅が那賀に近く、年齢的なものもあって那賀に異動したいという意向をお持ちだった。大先輩から「俺が那賀に行くから、お前が代わりに富岡西の野球部を見てくれ」と頼まれて、私は富岡西に異動することとなったのだ。

富岡西は、県南部エリアを代表する進学校として知られている。やんちゃな生徒が多かった那賀に比べると、富岡西は聞き分けのいい生徒ばかりだったが、頭がいいからか言い訳も多かった。

私が赴任する前に、富岡西は春の大会で2年連続優勝を果たしていた。頭がよく、運動能力にも秀でた生徒が富岡西には集まってきていたので、戦力はそれなりに整っていた。しかし、練習中でも勉強のことが気になるのか、選手同士で模擬試験の話をしていたりする。だから、私は「俺が聞いてもわからん話を練習中にするな」と怒った。野球部の選手たちは、みな「自分たちは勉強もできるし、運動もできる」というところで満足してしまっているように私には見えた。

現状に満足してしまっている選手たちに、さらに上を目指してもらうためにはどう指導したらいいのだろうか？　まず私は、選手たちに「お前ら、甲子園に行きたいか？」と聞いた。すると、全員が「行きたいです」と言う。「でも、いまのお前たちの考え方では、甲子園は到底無理だよ」と私は正直に返した。

心の底から、本気で「勝ちたい」と思わなければ、県大会を勝ち抜いて甲子園に辿り着くことなどできない。そしてそのためには、試合だけではなく、毎日の練習に一生懸命取り組んでいく必要がある。選手たちが「勝ち」に貪欲になるよう、私は普段の練習から厳しく指導していった。

過酷な夏の大会を勝ち抜いていくには、何よりも体力が必要である。でも、富岡西の選手たちには、その大事な体力が欠けていた。だから、私が赴任した直後の4～5月は、野球をせずに走る、跳ぶ、タイヤを押すなどの持久力と瞬発力をともに鍛える体力トレーニングばかりをさせた。

6月から練習試合を始めると、体力強化の成果はすぐに表れた。選手たちは、自分の打球の飛距離が以前より伸びていることにみな驚くと同時に、一生懸命努力することの大切さを理解したようだった。

赴任した初年度の夏の大会は、2・3年生にそれぞれ140キロを投げるピッチャーが揃っていたので、私は「うまくいけば準決勝までは行ける」と踏んでいた。だが、3回戦で鳴門と当たってしまい、延長戦の末に5－7で敗れた。

就任2年目の秋の大会では、富岡西は四国大会に進んで観音寺中央に初戦で当たって負けた（観音寺中央は優勝してセンバツに出場）。9回裏、2アウトまで3－2で勝っていたのだが追い付かれて延長戦となり、延長13回まで戦うも3－4のサヨナラ負けを喫した。もし、あそこで観音寺中央に勝っていれば、私たちが甲子園に行けていたかもしれない。

ちなみに、このときのエースだった選手がいまは城西で監督を、サードで3番を打っていた選手が那賀で監督をそれぞれ務めている。

私が富岡西にいた5年間で、夏の大会の最高成績は2年目、4年目に記録したベスト4である。

「しょうたれ」な小松島に着任

徳島の公立校は、勤務が5年を超えると異動になることが多い。富岡西での勤務が5年となった私は、「やり残したことがあるので、まだここで指導を続けたい」との思いがあり、留任の希望を出していた。だが、小松島の保健体育教員が不足となったため、私の小松島への異動が決まった。

1998年4月、小松島に赴任した私は、部長として野球部にかかわることになった。夏の大会はそのまま部長としてベンチ入りをして、3年生が引退した後に新チームが立ち上がるのと同時に私は監督に就任した。このときは思いもしなかったが、結果として私は１９９８年から２００９年まで、計12シーズンを小松島で過ごすことになる。

当時の小松島は生徒数が多く、１学年11～12クラスあるマンモス校だった。しかし、野球部の部員数は３年生９人、２年生10人、１年生18人ほどで、他校と比べてもそれほど多くはなかった。

赴任して最初に感じた小松島の印象は、ひと言でいえば「しょうたれてる」である。「しょうたれてる」とは、四国地方の方言で「締まりがない、だらしがない」を意味する。１０００人を超える規模の学校だったが、生徒たちを見渡すと全体的に「しょうたれてる」という印象を私は持ったのだ。野球部も同様に、締まりも覇気もないように感じられた。

野球部のメンバーで1年生がほかの学年に比べて多いのは、学校側がその年から野球部に力を入れ始めたのが理由だ。小松島市内の軟式野球の有名な選手、有力選手がこぞって小松島に集まっていた。

素材的にはいい選手が揃っていたが、先述したように野球部全体がルーズで一生懸命さに欠け、選手たちは指導者の言うことを聞かずに好き勝手やっているような状態だった。

前任の富岡西と小松島は、県内の同ブロック（南部ブロック）でしょっちゅう公式戦でも戦っていた。私のいた富岡西は、地域でも「厳しい指導」のチームとして有名だったので、その噂は小松島の選手たちにも届いていたのだろう。4月に私がグラウンドに顔を出すと、選手たちは「富岡西の前監督だ」と一応挨拶だけはしてきた。

だが、その挨拶の仕方も座ったまま「ちゃーす」と言うだけ。ユニフォームの着方もだらしがなく、茶髪の者もいればピアスをしている者もいた。そんな選手たちに対して、私は「お前たちがしたのは挨拶じゃない」と挨拶の仕方を一から教えなければならなかった。挨拶とは、立ち上がって帽子を取り、気を付けして、「おはようございます」「こんにちは」「失礼します」と言うんだよ。それが挨拶なんだよ、と。このように、当時の小松島野球部には、「野球以前」の問題が山積していたのだ。

「俺は甲子園には縁のない監督なんだ」
——小松島で高校野球指導の難しさに直面

1年生にいくら有望な選手が多くいても、最上級生である3年生ががんばらなければ、夏の大会は勝てない。赴任早々、私は選手たちを前にして「勝ちたいんだったら、普段の生活から改めないといけない。俺が提示するルールを守るなら、夏の勝利に向けて俺もお前たちに協力する」と話した。すると、選手たちは「ルールを守るので、野球を教えてください」と私に言ってきた。

私が彼らに提示したルールは、こういったものだ。

・丸坊主にする
・挨拶、返事をする
・授業はきちんと受ける（寝ない）。ノートを取る。提出物は必ず提出する
・遅刻しない

高校生としては当たり前のことばかりなので、読者のみなさんは笑うかもしれない。でも、小松島の選手たちはそれができていなかったので、これを徹底して守らせることにしたのだ。

夏までの時間は限られていたが、それなりに厳しい指導をしつつ「野球とはこういうものなんだ」と、基本から戦術まで私はいろんなことを選手たちに教えた。すると、小松島の選手たちも私の熱意を感じてくれたのだろう。時折不満気な顔を見せることはあっても、口答えをしてくるような選手はいなくなった。私は、彼らの顔つきが日々変化していくのを見て気がついた。

「この子たちがだらしなく見えたのは、野球に飢えていたからなんだ」

と。エース候補の3年生は、試合で投げていても不利な展開になると、すぐにあきらめてしまうようなタイプだった。ところが、そのピッチャーも次第にやる気を出し、練習試合の1試合目に投げて負けても、「2試合目も投げさせてください」と言ってくるまでに精神的に成長してくれた。

チーム全体がそうやって成長した結果、それまで夏の大会では1回戦負けが当たり前だった小松島が、準々決勝まで勝ち上がることができた。

その後の秋の大会では、私は監督として指揮を執った。秋の大会の成績は芳しくなかったが、翌年（1999年）の夏は選手たちが奮起。準決勝に進出して、優勝した鳴門工を相手に1－3の接戦を演じた。

先に述べた、優秀な1年生たちが最上級生となる2年目の秋はベスト4。3年生になった翌2000年の春は県大会で優勝して四国大会に進み、初戦の明徳義塾には8－7で勝ったが、決勝では今治西に6－7で敗れた。でも、私たちは全国レベルの強豪と対等に戦えたことで、自信を持って夏に挑むことができた。

最強メンバーとともに、万全の態勢で迎えた夏の大会。私たちは順当に決勝まで勝ち進んだものの、ここで目の前に立ちはだかったのが、私の母校である徳島商だった。私たちは甲子園の一歩手前まで来て、2－5で敗れて涙を飲んだ。

那賀では監督就任2年目に四国大会、富岡西でも小松島でも就任2年目に四国大会に行っていたので、あの頃の私は「なんだ、高校野球の監督なんて簡単じゃないか」と調子に乗っていたところがあった。しかし、有望な1年生たちが3年生になった小松島監督2年目の夏に、彼らを甲子園に行かせてあげることができなかった。このときばかりは心の底から悔しく、「俺は甲子園には縁のない監督なんだ」と本当に落ち込み、高校野球の指導の難しさを痛感することになった。

失意の直後に選手たちが大躍進

最強チームでも甲子園に行けず、就任3年目にして私は改めて高校野球指導の難しさを感じていた。だが、そんな失意の夏の直後の秋の大会で、2年生たちが快進撃を見せてくれた。

夏の決勝敗退で、3年生たちの悔し涙を見て「俺たちが先輩を甲子園に連れていく」と、後輩である1・2年生たちは強い決意を持って、2000年秋の県大会に臨んだ。そして、破竹の快進撃を続けて準優勝を収め、進んだ四国大会でもあれよあれよという間に決勝まで勝ち上がったのである。

四国大会の初戦は、上甲正典監督率いる宇和島東だった。ここで、私たちは延長戦にまでもつれるも8－4で勝利して、続く準決勝の高知戦も4－3で競り勝った。高知戦は、9回表に2点を入れての逆転勝利である。このときのチームは、打撃力はそれほどでもなかったが、終盤になると力を発揮する粘り強さがあった（足の速い選手が揃っていたので、機動力を用いて勝負した）。決勝では尽誠学園と当たって1－7で敗れはしたが、四国大会の決勝進出を果たしたことで「センバツ出場はほぼ当確」と言われていた。だが、決勝のスコアが「1－7」だったこともあり、選考委員会から正式に発表されるまでは落ち着かない日々が続いた。

そして、正式に2001年のセンバツ出場が決まり、新聞に載っていた各地区の出場校の戦力を見てみた。このときのチームは打撃力がなかったので、「打率は全国でも下位のほうだろうな」と思っていたら、なんと小松島の秋の大会通算打率「2割5厘」は出場校中最下位だった。

センバツ出場が決まり、大学の同期である園川から電話がかかってきた。もちろんお祝いの電話だったのだが、「おめでとう！」の後に「それにしても、小松島はよう打つな！」と嫌味も言われた。センバツを前にして、私は「完封負け、いやノーヒットノーランとかやられたらどうしよう」と不安が募るばかりであった。

このときのチームは、1学年上の最強世代とは違い、メンバーが揃っているとはお世辞にも言えない陣容である。エースピッチャーの堀渕貴史は、元々セカンドを守っていた選手をコンバートして、サイドスローの軟投派に仕上げた。

キャッチャーの武市洋平は、のちに社会人野球のＪＲ四国に行くほどの実力の持ち主で、当時のチーム唯一の逸材といっていい。武市は入学当初は右投げ右打ちだったのだが、足が速かったので1年の終わり頃に左打ちに変え、正捕手となるよう守備力を鍛えるとともに、配球のテクニックも徹底して叩き込んだ。

このときのチームは、先述したように足の速い選手が揃っていたため、通常は用いない機動力に関するセオリーがいろいろとあった。その最たるものが、「一塁ランナーは基本的にグリーンライト」である。例えば、ノーアウト・ランナー一塁の場面で、私がバントのサインを出す。でもサインは出すが、ランナーがスタートを切ったのがわかったら、バッターには「バットを引け」と指示していた。そして、ノーアウト・ランナー二塁にしてから、改めて送りバントをするといった具合だ。

このような機動力野球を続けた結果、選手たちも互いに刺激し合い、その相乗効果でチームとしての走塁技術が日増しに高まっていった。それと同時に、試合の中でのさまざまな駆け引きも選手たちが覚えていき、技術、体力だけではない「野球脳」の総合力で、私たちはセンバツの出場権を獲得したのである。

小松島で春夏計4回甲子園に出場
――センバツ出場が多かった理由

2001年春、私は高校野球の指導者となって初めて甲子園の土を踏んだ。徳島商の部員として夏の甲子園に出場したときから考えれば、私にとっては20年ぶりの甲子園だった。

初戦(2回戦)の神崎(佐賀)戦では、現役時代とはまた違った緊張感を味わった。徳島県代表、さらには四国の代表として私たちは甲子園に来たのだから、恥ずかしい試合は絶対にできない。私は、選手以上にプレッシャーを感じていた。

その初戦、3回までは案の定というべきか、私たちは完全試合ペースで相手ピッチャーに抑え込まれた。3回が終わって0-3。私は、この時点で「やはりダメだったか……」と半ばあきらめの気持ちになっていた。

ところが、小松島は中盤に長短打を織り交ぜて得点を重ね、8回表についに勝ち越した。そしてそのまま逃げ切り、私たちは甲子園初出場で初勝利を飾ったのだ。

3回戦の浪速（大阪）戦は、堀渕が相手打線を2失点に抑えて健闘してくれたが、結果は1－2の惜敗となった。うちは、9回表にノーアウト・ランナー一三塁の大チャンスを得たものの、ゴロ打ち狙いの代打がフライを打ち上げ、その後スリーバントスクイズの失敗などもあり、最後の詰めが甘く競り負けてしまった。

このセンバツ出場を機に、小松島市内周辺、県南部エリアから有力選手が小松島に集まってくるようになった。それまでは、県南部の有力選手は鳴門や徳島商、池田に流れていた。小松島が、その後コンスタントに甲子園に出場することができるようになったのも、この変化が大きな要因である。

2001年のセンバツ出場後、小松島は2003年夏、2006年春、2008年春に甲子園出場を果たした。この中で私の記憶にもっとも残っている試合は、唯一の夏の甲子園出場を決めた2003年夏の県大会、徳島商との決勝戦だ。

このとき私たちは、準決勝でその年のセンバツに出場していた鳴門工を破って勢いに乗り、高い壁だった徳島商に7－4と打ち勝って優勝を遂げた。初の夏の甲子園出場を決めた喜びはもちろん、高く厚い壁だった徳島商に決勝で勝利したことが何よりもうれしく、私は格別の思いだった。

小松島では3回のセンバツ出場に対して、夏の甲子園出場は1回だけである。単純に考えると、秋は四国大会で決勝まで勝ち残らないと甲子園に出られないのだから、1県につき1校が出場できる夏のほうが甲子園に行きやすいはずだ。でも、結果はそうではない。やはりそれだけ、夏の大会で勝ち上がるのは難しいということの表れなのだろう。

夏の大会の決勝で勝つのと負けるのとでは、まさに天国と地獄といっていいくらいの違いがある。これは、味わった人間でないとわからないと思う。でも、この悔しさを一度は味わわないと次には進めない。1回戦負けとはまったく違う、決勝戦敗退の悔しさ。やるか、やられるか。命懸けの勝負がそこにはある。この本当の悔しさを味わった人間は強くなる。それを結果で表してくれたのが、初めてのセンバツを決めたときのメンバーだ。彼らは「最強」といわれた先輩たちが、決勝で徳島商に負けたその姿を目の当たりにして強くなっていった。

夏の大会では、私は組み合わせが決まった後に全体を見てプランを立てる。初戦から準決勝、決勝まで勝ち上がっていったときのこともイメージして、計画を練るのだ。

秋は、どの学校も新チームになってから間もない。また、大会の日程に余裕があるので、とりあえずは目の前の一戦に集中する。秋の大会では、いかにミスを少なく戦い、勝ち上がっていくかがカギとなる。秋の戦い方、勝ち上がるコツのようなものを、私が選手たちにどれだけ伝授できるかも大切な要素だと考えている。

人間はミスをする生き物なので、試合でも必ずミスは起こる。肝心なのはミスが出た後に、その傷口を広げないようにすることである。私はその方法や相手による戦い方の違いなどを、選手たちに細かく教えていく。秋はどのチームも出足が遅いので、実力の差はそれほど大きくない。仮に、相手チームに絶対的なエースがいたとしても、付け込む隙は絶対にある。

秋はとにかく選手への戦い方の伝授、不利なときにどう戦っていくかの意識づけがとても大事だと思う。それを毎年繰り返すことで、下級生たちにもその考え方が浸透していってそれが伝統となれば、選手たちはそれなりの結果を出してくれるようにもなるのだ。

徳島商の監督にはなりたくなかったが……
――2010年に母校に復帰

小松島で何度か甲子園出場を続けているうちに、徳島商のOB会から「母校に戻ってきてくれ」という声をたびたび聞くようになった。ただ、那賀で監督となって以降、私自身が一貫して「母校に戻る」というより、「高い壁である母校を倒す」という意識のほうが強かったため、徳島商に復帰する考えはなかった。そもそも、教員の異動は最終的に教育委員会が決定するものなので、私やOB会の一存で決められるものでもない。

小松島での勤務が10年を超えても、私は校長先生や教育委員会には「ずっと小松島におります」と伝えていて、異動するつもりはまったくなかった。

その頃、徳島商の監督は池田出身の井上力が務めていた。彼は高校卒業後、日体大に進んでいたので、私の後輩（5歳下）でもあった。井上が2年、3年と徳島商の監督を続けていくのを見て、私もだんだんと「井上は徳商出身ではないのに、監督を押しつけているようでなんだか申し訳ないな」と思い始めた。

井上は徳島商に赴任してすぐ、2年連続で夏の甲子園出場を果たしていた。だがその後、大会の序盤（1回戦や2回戦）で敗退すると、OB会から「あれは徳商の野球じゃない」と言われる。甲子園にも出て結果を出しているのに、いろいろ文句を言われていると人づてに聞き、私の中の申し訳ない気持ちがどんどん大きくなっていった。

あるとき、井上と顔を合わせた私は「お前が『徳商の監督を代わってほしい』という気持ちになったら、俺がいつでも代わりを務めるから」と伝えた。教育委員会などから「後を受ける人材がいないから」と咎められたら、遠慮なく「森影がいる」と言っていいと話した。

ただ、何度も言うように、人事は教育委員会が決めることである。私たちの一存で決められるものではない。だが、井上と会話をしてしばらく経ってから、私が徳島商に異動になることが決定した。「徳島商に請われて」というより、教育委員会の人事の一環で私は母校に戻ることになったのだ。ちなみに、井上は2016年に池田に復帰して、現在でも母校で監督を続けている。

2010年4月、私は母校の徳島商に赴任した。実はこのとき、春の大会の真っ最中だった（徳島の春の大会は、3月から4月にまたがって行われる）。3月の時点で私が監督を務める小松島は勝ち上がり、徳島商は初戦で敗れていた。徳島県ではこういった場合、監督は異動後であっても、前チームの試合の指揮を執っていいことになっていた。徳島商が勝ち上がっていれば、もちろん徳島商の監督をしたと思うが、すでに敗退していたため私は春の大会のときのみ、小松島の監督を続けた。

4月に入った時点で、春の大会の準決勝、決勝が残っていた。私は、試合のない日は徳島商の指導者、試合の日には小松島の監督と、二足のわらじ生活を続けた。そして準決勝の阿波戦、決勝の鳴門戦を制して有終の美を飾り、丸12シーズンの小松島での指導者生活を終えたのだった。

気がつけば徳島商の監督として丸13年

――創造力を働かせたチーム作りをしていく

小松島に10年以上勤務していたため、徳島商の関係者の間でも「そろそろ森影が徳商に異動してくる」という噂が毎年のように立っていたらしい。だから2010年に赴任した際には、数人の保護者から「やっと来てくれましたか」というような挨拶をされたことを覚えている。

当時の本校野球部には、70人くらいの部員が在籍していた。第1章でお話ししたように、前年のメンバーの中には杉本裕太郎もおり、毎年のようにとはいかないがそれなりに甲子園にも出ていたので、一定レベルの選手は集まっていた。

だが、徳島商に着任してグラウンドで選手たちの様子を観察していると、野球部全体にまとまりのなさを感じた。全員が同じ志を持ち、同じ方向を向いて、チーム一丸となって活動しなければならないのに、それができていないように私の目には映った。

そこで、私は全部員を集めてこう言った。

「いままでの成績は関係ない。白紙の状態で見させてもらう。これからの練習は全員打つ、全員守る。とにかくいまはAもBもなく、全員横並びだから。レギュラーになりたければ、練習でアピールしろ」

すると、選手たちの目の色が変わったのがわかった。

赴任1年目の夏は準々決勝まで進むも、川島に2－5で敗れた。川島はその年のセンバツに、21世紀枠で甲子園に出場していた。

続く秋の大会では準優勝となり、そのメンバーたちが翌2011年の夏の甲子園出場を決めてくれたのは、第1章でお話しした通りである。就任してすぐの2年目で運よく甲子園に出場できたものの、その後本校は12年もの長い間甲子園から遠ざかることになってしまった。

2023年夏に徳島を制するまでの間にも、2019年から2022年まではすべて準決勝までは勝ち上がっていた（コロナ禍で甲子園が中止となった2020年の独自大会は準優勝だった）。毎年、いいところまでは行くのだが、あと一歩が足りない。小松島ではコンスタントに甲子園に出場できていただけに、監督としてフラストレーションのたまる日々が続いた。

うちに入ってくる選手は、野球の優等生が多い。私は毎年入学してくる「そこそこできる選手たち」を前にして、「これだけの選手がいれば何とかなる」と油断していたのかもしれない。

かつて那賀や富岡西、小松島で指導していた頃の私は、たとえ強豪校に実力で劣るにしても、全体の力を生かせば勝機は見出せると思って指導していた。個々の力ではなく、集合体となったときに底力を発揮して、頭を使った野球で強豪校を倒す。これが私の目指す野球だった。

昔の私は「この選手の長所は何か？」を常に考え、ポジションをコンバートしたり、投げ方、打ち方を変えたり、試行錯誤を続けながらチーム作りをしていた。苦労も多かったが、そうやって一からチームを作り上げていくことに喜びを感じていた。

でも、選手層がそれなりに厚い徳島商に来て、私は知らず知らずのうちに安易な道を選びがちになっていたようだ。かつて行っていたチーム作りを、近年の私はあまりできていなかったように思う。これは、大いなる反省点である。

先述したように、２０１９年からは夏の大会でコンスタントに準決勝までは行っている。そこから先は鳴門、鳴門渦潮、阿南光の三強の壁が立ちはだかる。２０２３年はエース・森の存在もあってその壁をぶち破ることができた。森のようなスペシャルな選手はなかなか現れないので、私は「創造力を働かせたチーム作り」を今後も続けていくだけだ。

私は２０２４年度末で定年退職を迎えるが、それ以降は再任用制度によって教員を続けることができる。この再任用制度は、校長先生の許可がなければならないのだが、幸い現在の校長先生は私に「ずっと徳島商においてください」と言ってくれている。もちろん、この私も徳島商に骨を埋める覚悟で指導に当たっている。徳島商にとっても、私にとっても、本当の勝負はこれからである。

第3章

名門復活への道

何かに囚われない、森影流指導論

過去の成功体験に囚われず、常に新たな指導法を模索

練習試合などで対戦した強豪校の監督さんとお話をすると、「チーム作りは毎年一緒」と言う人がいる。きっと、チーム作りが毎年一緒になるのは、その監督さんに一貫したポリシーがあったり、学校の伝統があったりするからなのだろう。

でも、私は指導者となってから、毎年同じチーム作りをしたことは一度もない。同じ学校で同じユニフォームを着ていても、その学年によって選手たちのカラーは微妙に異なる。だから、私はその色に合わせて「今年はこうするのがいいかな」と、その都度やり方やアプローチ法を変えて指導を行っている。

毎年同じ指導をするのがいいのか、私のようにその年ごとに指導をちょっとずつ変えてやっていくのがいいのか。どちらが正解なのかは、私にはわからない。ただ、私は自分の方法が正しいと信じ、その都度柔軟に対応して指導を続けてきた。

人はどうしても、過去の成功体験に囚われてしまうものだ。一度成功すると、同じようにやればまたうまくいくはずだ、と似たやり方を繰り返す。確かに、長く続けてきたやり方を改めるのは、誰にとっても勇気のいることである。

でも、チーム作りは何十人もの人間をまとめていかなければならず、一筋縄ではなかなかうまくいかない。毎年メンバーが変わるので、前年と同じ戦い方もできない。夏の大会が終わり、3年生が引退すると新チームが立ち上がる。私は、そこでいつも「今回のメンバーをどう組み立てれば、よりチーム力を高められるのか?」を考え、そのための方法を模索する。それを突き詰めていくと、毎年指導の仕方は変えざるを得ないのだ。

2023年に甲子園に出場した森たちの代は攻撃力がなく、エース・森を中心とした守りを固める野球でチーム作りを行った。1点取れば彼が何とかしてくれたので、本校の伝統である「守り勝つ野球」に徹したのだ。ランナーが出れば、送りバントで1点を取りにいく。まさに、我々が得意としてきた野球である。

それとは逆に、その前年の代は打撃力が持ち味だったので「打ち勝つ野球」を実践した。3番、4番を担ったバッターがそれぞれ通算30~40本のホームランを打っていたので、その前にいかにランナーをためるかだけを考え、ほとんどバントのサインを出すこともなかった。徳島商の伝統である「守り勝つ野球」だけに則っていたら、とてもこういった臨機応変な対応は取れない。

具体的な練習方法の面で過去を改めた例を挙げるとすれば、一番わかりやすいのはベーランだろう。私が現役の頃、ベーランはホームベースをスタート地点として、ひとりずつ走っていた。でも、このやり方だと、人数が多ければそれだけ時間がかかってしまう。だからいまはホームベースだけではなく、一塁、二塁、三塁にも選手を配して、4カ所からスタートする（これは本校のみならず、いまでは多くのチームが実践しているやり方でもある）。

また、うちではさらにベーランの効率と技術を高めるために、塁間を通常の3分の2程度（約20m）に狭めて行うこともある。こうすると、しっかりベースの角を踏まないと曲がり切れないので、自分に合ったライン取りも含めて走塁技術がアップするのだ。

単に、走る体力をつけさせるためにベーランをさせているチームもあるが、そんな無駄なことをするくらいなら、私は全選手が一緒に50mダッシュを何本かさせるやり方を選ぶ。そのほうがはるかに効率的、合理的で、時間の短縮にもなる。
　ちなみに昔の走塁は、図Aのライン取りが正しいやり方として教えられていた。しかし、いまは図Bのように球状（ダイヤモンドを上から見ると円を描くような感じになる）で回るライン取りが主流となっており、私も選手たちにそのように指導している。これも昔のやり方に囚われず、新たな方法を模索していくひとつの例といえるだろう。

［図A］

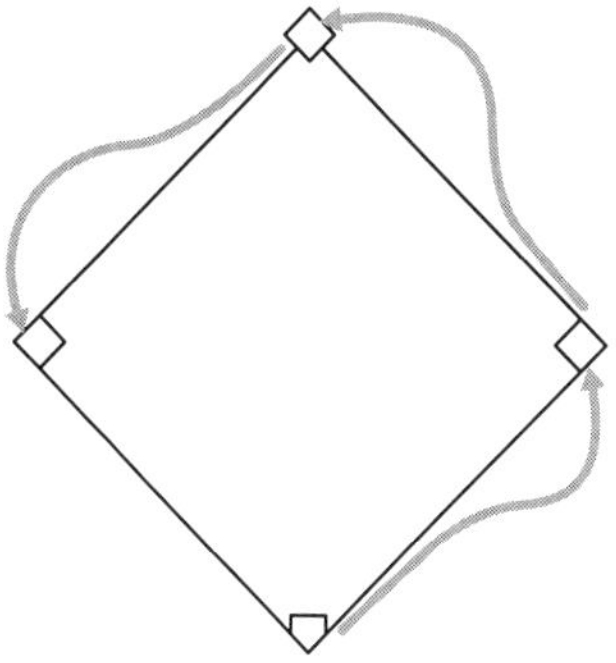

［図B］

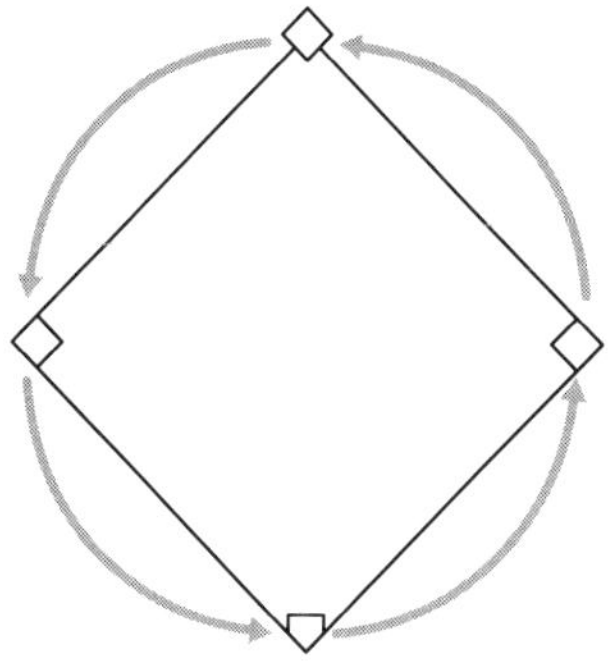

適材適所を見抜く力
――エース森をいかに見出し、指導したのか

初めて監督を務めた那賀時代は、慢性的に部員が足りず、打順やポジションをどういう形にするのがベストなのか、選手たちをどのように組み合わせればチーム力が上がるのか、そんなことばかりを考えていた。

近年の徳島商は、ほかの学校に比べれば部員数は多い。だが、2023年の夏に森たちが引退した後は2年生11人、1年生14人の計25人しかおらず、選手層が充実しているとは言い難い状況である。

前章で触れたが、徳島商に赴任してからいままで、私はかつての創造力を働かせたチーム作りをやや怠っていたところがあった。「徳島商」という看板に甘えていた部分を大いに反省して、いまはこの25人をどう組み合わせれば一番力を発揮してくれるのか、を考えて毎日の指導に当たっている。

固定観念やそれまでの常識に囚われず、自由な発想で選手の組み合わせを考えていく。パズルのピースをはめていくように、「ここにはこれしか当てはまらない」とあらかじめ正解が決まったやり方をしていたら、選手たちの個性を伸ばすことも、チーム力を上げていくこともできなくなってしまう。大切なのは選手たちを観察し、その可能性を見出していくことなのだ。

だから私はいままで、野手をピッチャーにしたり、その逆にピッチャーを野手にしたり、右打ちを左打ちに変えたりといろんな転向を施してきた。それもこれも、選手の可能性を広げ、チーム力を上げるためにほかならない。

森は高校生になってから、本格的にピッチャーに取り組んだ。彼はマスコミのインタビューなどで、「サードを守っているときの送球を見て、監督からピッチャーをやってみろと言われた」と言っているようだが、私にはその記憶がない。私の記憶では、彼を中学時代に視察した際、元々はバッターとしてうちに来てもらいたいと思っていたのだが、内野で守備をしていた彼の送球を見て「この子はピッチャーだ」と直感した。肩まわりの使い方がしなやかで、「この選手はピッチャーとして磨けば光る」と思ったのだ。彼の肩まわりの関節や筋肉が柔らかかったのは、中学まで水泳をしていたのも影響しているのかしれない。

森を本格的に先発ピッチャーとして使い始めたのは、彼らの代が最上級生となった2年秋からである。その頃はストレートの球速は出ていても、一本調子で力任せに投げているだけだったので被安打、失点も多かった。2年秋には四国大会まで進んだが、彼は高松商にコールド負けを喫している。3年生になって140キロ台後半は余裕で出るようになったが、4月に岡山学芸館と練習試合をしたときには、奪三振数は二桁なのに9失点。打者との駆け引きも、まだあまり理解していなかったため、打たれ始めたら止まらないところがあった。

3年生に上がる前のシーズンオフに、プロのスカウトの方が視察に来て、森の投球のデータを取った。すると、森の投じるボールは、球速のわりに回転数が少ないことがわかった。森は元々、左肩が早く開く癖があったので、それが回転不足につながっていたのだと思う。

その頃の森は左肩が早く開き、胸がバッターに正対した感じで投げるので、傍から見るとまるでアームマシンのようだった。明徳義塾の馬淵史郎監督にも、「森はアームマシンみたいな投げ方しよるな」と言われたことがある。ボールの回転不足を改善するために、私と森は「アームマシン投げ」の矯正作業を続けた。

3年生になる直前の春休み、侍ジャパンU18の強化合宿が行われ、森も選ばれて参加した。この強化合宿には、大阪桐蔭の前田悠伍投手や沖縄尚学の東恩納蒼投手、仙台育英の高橋煌稀投手など、日本屈指の好投手たちが勢揃いしていた。森は、現在の高校野球界を代表する一流ピッチャーたちの投球や、練習に対する姿勢を見て「これではいけない」と感じたようだ。強化合宿から帰ってきた彼は、私の言うことに対してそれまで以上に聞く耳を持つようになり、森のピッチング技術は日増しに高まっていった。

キャッチボールで遠投する際、普通はサイドステップをして勢いをつけて投げる。ところが、森はこの投げ方ができなかった。ステップして投げようとすると、動きがぎこちなくなってしまうのだ。

左肩が早く開く癖を直すためにも、遠投のときに流れるようなフォームで投げられるようにするのは重要である。ステップしてしっかりと足を踏み込み、左肩はギリギリまで開かないように我慢する。そして投げ終わった後の右腕、右手は左腿の横あたりまでしっかり振り下ろす。さらに軸足である右足は、投げ終わった後に靴の底が上を向くように跳ね上げる。この基本を徹底して反復したところ、森が「監督、球が前よりも伸びるようになりました」と言ってきた。ボールの回転数が上がったので、必然的に彼の投げるボールは伸びるようになったのだ。

ボールの回転数を上げるために、「しっかりスナップしろ」とか「指先にボールをしっかり引っかけろ」と普通は指導するが、私はこのときそういった言い方を一切しなかった。遠投によって、下半身と上半身（とくに右腕）が連動する動きを身につければ、回転数は自然に上がると考えたからである。

森は卒業後、社会人野球のＮＴＴ東日本に進む道を選んだ。プロのスカウトの方々からは「プロで十分に通用する」と言われていたのだが、彼は「いえ、いまの僕では通用しません」と頑なだった。

３年生になってから約半年での森の成長を見れば、彼が今後どれほど伸びていってくれるのか、私には楽しみしかない。もちろん、今後も森のように「この子はピッチャーにしたほうが輝く」と思った選手がいたら、躊躇なく転向させてチーム力アップにつなげていくつもりだ。

我慢してがんばることが成長につながる

よく言われることだが、野球はミスが多く出るスポーツである。バッティングは3割打てば「好打者」といわれる。でも、これも逆に捉えれば「10回中、7回は失敗している」という意味である。

勝利をたぐり寄せるには、バッティング、ピッチング、守備、走塁、采配などにおいて、試合中に起こるミス、失敗をできる限り少なくしなければならない。ミスや失敗が多ければ多いほど、そのチームは自ら負けに近づいていく。自滅といわれるパターンが、これに当てはまる。

しかし、どんなに強いチームであっても、試合の中でミスや失敗はしてしまうものだ。だから野球というスポーツは、蓋を開けてみなければ勝敗がどうなるかは誰にもわからない。「8：2でAのチームが有利」といわれる試合でも、2の力しかないB

のチームが勝ってしまうことがままあるのが野球だ。野球ほど、力の差があっても弱者が勝利することのできるスポーツはない。この面白さ、奥深さが野球の大きな魅力といっていいだろう。

自分たちの分《ぶ》が悪いときは、挑戦者の気持ちで前向きに戦えるのに、自分たちが優位になると「勝たなければ」と思考が守りに入ってしまい、その消極さによって普段はしないようなミスをしてしまうことがある。これはすべて、その人の心の弱さに起因している。そして、この心の弱さを克服するには、普段から「我慢」を続けていくことが何よりも大切だと私は考えている。

人は得意な物事には進んで取り組むが、苦手な物事には消極的になりがちである。だからこそ、普段の生活から我慢して苦手なものにも積極的に取り組み、苦手を常に身近なところに置いておくようにするのだ。そうすることで、重要な局面で苦手、あるいは不利な状況になったとしても、平常心で対応できるようになる。

私は選手たちに、「勉強が苦手な者ほど、我慢して積極的に取り組め」と言っている。ただ、その積極性は「テストで１００点を取れ」ということではない。授業をしっかり受ける。ノートをしっかり取る。苦手な科目こそ、我慢して一生懸命勉強する。

それを続けることで、選手の心は強くなり、「心技体」も育まれていくと思っている。

徳島商野球部では、昔から「文武両道」が基本である。野球もがんばり、勉強もがんばるのが部のルールだ。だから、赤点などはもってのほか。社会には社会のルールがあり、学校には学校のルールが、野球部には野球部のルールが、各家庭には各家庭のルールがある。人がそのルールを守って生きていくことで、この社会は成り立っている。だから、私はそのルールを破ることを許さない。そういった理由から、うちの野球部には、赤点を取れば練習試合に出場できないなどのペナルティがある。その内容はこうだ。

「赤点を取ると試合に出さない」

1学期に赤点を取ると、夏休みの練習試合3試合出場禁止（1教科につき）

2学期に赤点を取ると、練習前、練習後に清掃活動（掃除、草抜き）などをする

3学期に赤点を取ると、春季大会出場禁止。

このほかにも野球部のルールとして、

「授業中、ほかの生徒に迷惑をかけない」

「不特定多数へのＳＮＳの発信は禁止」

などがある。昔、大会前に眉毛を剃った者がいて、その選手はレギュラーだったが登録メンバーから外した。ルールを守らなければ、公式戦でも外す。ルールを破ればペナルティを科すのは、エースだろうがキャプテンだろうが関係ない。これはいまも徹底している。

先に述べた「我慢」は、イコール「律する」と捉えてもらっても構わない。普段の生活から自分を律し、練習に打ち込むことで人は成長していくのだ。

心を磨く
——野球の神様はいつも見ている

私は選手たちに、「俺がいくら一生懸命指導しても、お前らが野球を死ぬ気でやってくれないと、絶対に上手にはならないよ」といつも言っている。野球に真剣に取り組まなければ、心は強くならないし野球もうまくならない。うちでは普段、メンタルトレーニングなどはしていないが、選手たちには「俺の指導に耐えられたら、自然にメンタルは強くなる」とも言っている。

手を抜かず、自分自身にプレッシャーをかけて、日々真剣に練習に取り組んでいるかどうかで、成長の度合いはまったく変わってくる。最近は昔のようにやんちゃな選手はあまりおらず、「やりなさい」と言われたことはみんなちゃんとやる。でも、それが手を抜かずにＭＡＸでやっているのか、80％なのか、60％なのかは選手自身にしかわからない。いつも１００％でやっている選手と、60％でしかやっていない選手を比べた場合、１日で40もの差が出る。それが1年続いたら、どれだけの差となるか。もはや私が言うまでもないだろう。

私は選手のメンタルを強くするために、あえてみんなの前で叱りつけたり、練習から遠ざけて草抜きをさせたりすることがある（いずれも選手を発奮させるため）。私の現役時代には、延々と走らされたりする理不尽な練習がいくつもあった。いま、私が当時のような理不尽な練習をするつもりはない。でも、あの頃を振り返ると、理不尽な練習に耐えたことで、ちょっとやそっとでは動じない精神力と、最後まであきらめない強い心が育まれたようにも思う。

世界のトップで活躍する一流のアスリートには、「心技体」が備わっている。技術の向上を望むのであれば、「心技体」のいずれが欠けてもいけない。これは、どんなスポーツにも共通して言えることである。その中でも、私は「心」が一番大事だと思っている。次に「体」が来て、最後に「技」。うちの選手でも、肝心なときに弱さを見せる選手は、いつも「技」でごまかそうとする。技だけ磨こうとしても、肝心の「心」が備わっていなければ、何も身につかないということを忘れてはならない。

「お天道様は見ている」とよく言うが、野球がうまくなりたいのなら練習を一生懸命するのはもちろんのこと、普段の生活にも真摯に取り組み、人が見ていないようなところでこそ、しっかり生きていくことが大切なのだと思う。お天道様だけでなく、野球の神様も私たちをいつも見ているのだ。

メジャーリーグで活躍する大谷翔平選手が、グラウンドのゴミを拾って、それを自分のポケットに一旦しまうシーンが話題になったことがある。ゴミを拾ったり、部屋の整理整頓をしたりするのは、環境を美しく保つということだけでなく、自分の心を整えることにもつながる。

そんな理由もあって、うちの野球部では学校が始まる前の7時50分~8時10分までの20分間、グラウンドの周囲の掃除、ゴミ拾いを全員で行っている（学校行事がある際には、正門付近の掃除なども行う)。

高校、大学を問わず、昔から就職の際に野球部出身の人間は会社受けがいい。それは、野球部を出た人間は挨拶、返事などはもちろん、協調性があって周囲への気づかいができるからである。会社側は、「この子は人間的にもしっかりしている」と思って採用してくれているのに、それを裏切るようなことがあってはならない。

野球部のOBで、その後ずっと野球で飯を食べていけるのはほんの一握りの人間だけで、その他大勢はこの世の中で社会人として生きていかなければいけない。社会で一端《いっぱし》の人間として生きていってほしいから、私は選手たちの心を磨き続けているのだ。

選手の集中力を育むために
——長時間のダラダラした練習は無駄なだけ

野球の試合は、長くてもだいたい3時間あれば終わる。人は3時間もの間、ずっと休みなく集中していることはなかなか難しい。でも、野球にはピッチャーが一球一球投げるごとに間（ま）があり、さらに表裏の間もある。この間があるおかげで、3時間近い試合でも何とか集中力を保つことができるのだ。だから、選手たちにも「休みを入れつつ、3時間程度は集中力を保てるようにしよう」といつも話している。

私は一日の練習メニューを考えるときにも、一つひとつ短時間で集中できるように組み立てていく。何時間も走らせたり、きついメニューを長時間もやらせたりといったメニューでは、選手の集中力が育まれることはないだろう。

100本ダッシュをさせたとして、そのダッシュのほとんどが手を抜いたものであるならば、まったく意味がない。それならば、10本のダッシュを本気で走ったほうが、はるかに身になる。指導者の自己満足のためだけに、選手たちを犠牲にするようなことがあってはならない。

野球をするには「走攻守」を鍛えなければならず、そのためにさまざまなトレーニングメニューが用意されている。メニューの中には、疲れる練習もあれば辛い練習もあるだろう。多くの球児にとっては、フリーバッティングはきっと「楽しい」部類に入る練習であるはずだ。だから私は楽しい時間は長めに、辛い時間は短めになるように、メリハリをつけて練習メニューを組み立てている。それを繰り返すことで、2～

3時間の試合を戦い抜くための集中力が育まれていくのだ。

小松島に赴任した当初、私は野球部の部長を務めると同時に、サッカー部の部長も兼任していた（人手が足りないと、このようなことがよく起こる）。その頃、サッカー部の先生から「野球部の練習時間はとても長いけど、あれは監督の自己満足でしかないよね」といったことを言われた。その先生はさらに、「監督は練習した気になっているけど、選手たちはそう思っていないのでは？」と続けた。私はこう言われて、「確かにその通りだ」と思った。そして、野球界がいかに閉鎖的かということにも改めて気づかされた。

この先生のひと言をきっかけに、私はいままで行ってきた練習を見直し、短時間のメニューをメリハリのある組み合わせで行うようにした。この効率化、合理化はいまも進化を続けている。

オンとオフの切り替えの大切さ

前項では、選手たちの集中力を育むために、私がどのような考えで練習メニューを組み立てているかをご説明した。本項では、その集中力をさらに高めるために必要な「オフの重要性」に関して述べていきたい。

現在、うちの野球部の完全オフは1カ月に1回である。他校では週に1日のオフを設けているところも多いようだが、それに比べると私たちのオフは少ないほうかもしれない。でもそれだけに、「オフはしっかり休むように。そして高校生らしく遊びなさい」といつも言っている。

しっかり休みを取って心身を切り替え、フレッシュな気持ちで練習に臨むのはとても大切なことだと思う。また、野球の試合中には「切り替え」が必要なときがたくさんある。「ピンチの後にチャンスあり」となるのは、チーム全体の思考の切り替えがうまくいったからだ。ミスをした後、同じようなミスを防ぐには、気持ちを切り替えることが何よりも重要である。ミスした後に落ち込んで暗くなったり、声が出なくなったりするのが一番よくない。エラーをした後、虚勢でもいいから「もう一丁来い！」と言える人間にならないといけない。そういった切り替えができるようになるためにも、オンとオフにメリハリをつけることが大切なのだ。

うちでは休みの前の日に、全員で「モンキー」というメニューを必ず行う。モンキーとは、みんなで手をつないで円になり、「1、2、3」の声に合わせて屈伸（スクワット）するものだ。これを、練習の最後にみんなで300回行う。きついメニューを最後にやってから「明日は休みだー」とするのも、メリハリをつけるひとつの方法である。ちなみに小松島時代には、これを1000回やらせていた（私はアントニオ猪木さんが大好きで、猪木さんは毎日スクワットを1000回やっていたということから）。

本校には真面目な選手が多く、オフでも自主練習をしている選手がいるようだ。そのような選手に対して、私は「自主練をするな」とは言わない。しかし、先述したように体も心も休むときは絶対に必要である。

シーズン中、大会などが近くなってくれば、「オフにも練習したい」と思う気持ちは私にもよくわかる。だから、せめてシーズンオフの完全オフ日くらいは、しっかり休んでほしい。友だち同士で映画を観に行ったり、どこかに遊びに行ったり、彼女とデートするのももちろんいいだろう。うちでは、それが野球のパワーにつながるなら恋愛も大歓迎だ（「野球に専念できないような恋愛はするな」とも伝えている）。

学校によって週一、月一など、オフの間隔はいろいろあると思うが、オフにしっかり休んで、心身を切り替えることの重要性を忘れないでほしい。

選手たちをよく観察することが采配に役立つ
――森影マジックにもちゃんとした根拠がある

小松島時代、２００８年のセンバツに出場したときのチームは、真面目で大人しい選手ばかりが揃っていた。試合をしても、「絶対に相手を倒す」という気概があまり感じられない。そこで私は選手たちを発奮させるために、練習中も試合中も例年以上に怒りまくった。怒る、叱るというより、「檄を飛ばしまくった」と言ったほうが正確かもしれない。

センバツ出場を決めた秋の四国大会では、こんなことがあった。準々決勝の済美戦で私たちは、3回までに1－6と大量リードされていた。私は「こんな試合しかできないのか！　だったら負けてしまえ！」と、選手たちに檄を飛ばした。すると、ここから選手たちが発奮して、4回に5得点を挙げて同点に追い付き、最終回にサヨナラとなる大逆転勝利を収めたのだ。

このとき、私が普段から檄を飛ばしていなければ、「負けてしまえ！」と言われた選手たちは、きっと委縮してしまっていたと思う。しかし私は練習でも、練習試合でも、普段から檄を飛ばしまくっていた。それを続けていたので、選手たちの「ちくしょう！　やってやる！」というスイッチが入るようになっていたのだ。

練習試合をする際、私は相手チームよりも自チームのことばかりを見ている。こういう場面で、この選手はどういうプレーをするのか。どういう精神状態になりやすいのか。どういう結果を生むのか。そういうことを気にしながら、ずっと観察を続けている。

例えば、1アウト・ランナー一塁の場面。勝っているときと負けているとき、あるいは試合の序盤、終盤でバッターにかかるプレッシャーも違ってくる。チャンスに強い選手はヒットを打ったりするが、プレッシャーに弱い選手はこういうときにゲッツーを打ったりする。練習試合でゲッツーをよく打つバッターは、大会（公式戦）でも同様の結果を出す傾向が強い。だから、私はそういう選手には、送りバントのサインを出す。普段から選手をよく観察していないと、このような臨機応変な采配を振ることはできない。

何も知らずに試合を見ている人からすると、私の采配を見て「なんでここで、そのサインなんだ?」と思うこともあるかもしれない。でもそれは、私が日頃から選手たちをよく観察した末に辿り着いた考えであり、答えなのである。試合で根拠のない采配を振ることは絶対にない。奇策にも見える私の采配がよくずばりと当たるので、周囲の人たちからは「また森影マジックが出た」などと言われることもある。

ピッチャーの代えどきにしても、球場にいるファンの方々は「え、なんで?」と思われることがあるかもしれない。でも、その代えどきにもちゃんとした理由が必ずあるのだ。

押しつける指導はしない

若い指導者の方々は「選手になめられてはいけない」という思いが強く、「絶対的な地位にいなければ……」と、威張った指導、横柄な指導になりがちである。

私も那賀で指導者となったばかりの頃は、そのような上から押しつける指導をしていた。でも、そのような指導をしていても、野球部は強くなっていかないとあるときに気がついた。

指導者の中には、「なんでこんなこともできないの?」と選手に言う人がいる。でも、その指導者が「できないこと」を選手にちゃんと教えているのかといえば、そこには疑問が生まれる。教えてもいないのに、選手にダメ出しをするのは指導者として失格だろう。

野球の考え方や基本、そういったものをしっかりと教え、それができないのであれば繰り返し練習させる。できない選手をできるようにするには、それしか方法はない。そして、その積み重ねによって、選手と指導者の間に信頼関係が築かれるのだ。

選手たちに信頼してもらうために、私は普段から素の状態で選手たちと接するようにしている。すべてをさらけ出すわけではないが、10のうち8はさらけ出していると思う。「俺は指導者だ。言うことを聞け」と、偉そうに構えて接することは絶対にしない。だから、練習中に冗談も言えば、過去の自分の失敗談なども選手たちにはよく話している。

「俺の言う通りにしろ」という上から押しつけるような指導では、選手たちはついてきてくれない。主体はあくまでも選手たちだ。いかに選手が自主性を持って、練習に取り組んでくれるようになるか。指導者は、その導き方を一番考えていかなければならない。

入学当初は、「徳島商の野球はこういうものだ」と選手たちに植え込まなければならないので、ある意味押しつけるような指導となっている可能性はある。しかし、その時期が過ぎたら、私は選手たちに「自分で考えて動く」ことを促す。

「次のプレーのために何をすべきか?」

「なぜそうしたのか？」
「その根拠は何なのか？」
私は選手たちに対して、それを徹底して問う。近年は考え方の浅い選手が増えてきているように感じるので、「考えた末の（根拠がある）失敗やミスなら構わないから」と伝えて、根気強く指導している。最近は「いい失敗をしなさい」ともよく言う。次につながる失敗、意図があってやった失敗は「いい失敗」だから、「それでいいんだよ」と声をかけてあげるようにしている。そうすることで、ほかの選手たちも「そうか。根拠や意図があれば失敗してもいいんだ」と理解できるのだ。

選手と指導者の間に信頼関係がなければ、いいチームは決して作れない。私は選手と指導者が、親子のような関係性になるのがベストだと思っている。私も還暦を迎え、近年は「おじいさんと孫」みたいなものかもしれない。ただ、かわいい選手たちに対して、ときに真剣に怒ること、叱ることも信頼関係を築く上で大切なことだと思う。選手が私に近づいてこようとしないのであれば、こちらから歩み寄っていくのもとても大切なことだ。

高校野球の指導者となって、今年で33年になる。たくさんの教え子が、いま県内の高校で指導者をしていて、監督が3人、部長がひとりおり、さらに2023年に教員採用試験に受かった教え子も4人いる。

いずれの教え子も、私のいる徳島商を倒すためにがんばっている。2021年の夏には、教え子が率いる城西と初戦（2回戦）で当たり、冷や汗をかかされたこともあった（途中まで3－8で負けていたのだが、その後何とか逆転して9－8で辛勝）。ただ、こうやって教え子と対戦することができるのも、指導者としてとても幸せなことだと感じている。

いまと昔では、子どもの質は違うのか？

いまは、部活内の上下関係が昔ほど厳しくない。これはあらゆる部に共通して言えることだと思う。昔は、仮にプレー中は上下関係がなかったとしても、グラウンド外ではしっかりとした上下関係があった。しかしいまは、普段の生活でも学年関係なく仲がいい（少なくとも本校はそうである）。このような関係性は、私たちが現役だった頃にはまったく考えられなかった。

練習中にだらしない上級生を、叱責できるタイプの下級生がたまに現れる。それが、2022年のキャプテンの森龍門だった。森は1年生の頃から練習中、試合中を問わず、上級生たちに厳しい言葉をかけていた。でも、彼は普段から誰よりも真剣に練習に取り組んでいたし、言うことすべてが的を射ているので、上級生たちもその下級生から言われたことを素直に聞き入れていた。このような選手が各学年にひとりずついたりすると、チーム力は確実に上がっていく。

「いまの子どもと昔の子どもとで違いはありますか？」

「生徒の扱い方が年々難しくなっていませんか？」

などと聞かれることがたまにある。

昔といまの子どもたちを比べると、もちろん違いはあると思う。性格的な部分でいえば、はめを外すような子どもが少なくなった。10年ひと昔と言ったりするが、私は5年周期で子どもたちの性質みたいなものが、少しずつ変わっていっているような気がする。

野球部ではなく、学校の生徒たちを見ていると、集団となったとき個々に問題点を指摘し合ったり、お互いにダメなものはダメと言い合ったりできる空気がなくなっているようにも感じる。教師から怒られたとしても、その理由を深く考えず「大丈夫、大丈夫」「気にするなよ」と声をかけ合い、すぐに忘れようとする。ご都合主義、あるいはお互いの傷をなめ合っていると言えばいいのだろうか。そのような傾向は、年々強まっているように思う。

野球部でも、傷のなめ合いのようなシーンを見かけることがよくある。試合中、ピッチャーが苦しんでいるときに、わざわざタイムを取ってピッチャーに駆け寄り「大丈夫だから」と励ましたりする選手がいる。私は、少なくとも練習試合においては「そんなものはタイムなんて取らずに、守備位置から声をかけるか、放っておけ」と言う。そうしないと、ピッチャーの心が強くなっていかないからである。

苦しんでいるのが、初登板のピッチャーや下級生だったらまだわかる。でも、そのピッチャー（同級生）がフォアボールを連発して、苦しんでいるのはいつものことなのだから、そんなときに声をかけてもプラスになることは何もない。相手の成長を望むのであれば、ときにお互いが厳しく接することも必要なのだ。

ここまで、「心技体」の「心」の部分での昔といまの違いを述べてきたが、「技体」の部分でも違いを感じることがある。

「技」では、小さいときに自然の中で体を使って遊んでいないので、不器用な子が増えた。野球はうまいが、ほかのスポーツをやらせるとあまり上手ではない。そのような子が確実に増えている。

「体」で感じるのは、股関節の硬い子どもが増えたということだ。これは和式のトイレが減ったこと、正座ではなく椅子の生活が広まったことによるところが大きいと思う。だから、いまは練習の中にもストレッチを多めに取り入れたり、タイヤジャンプを行ったりしている。

タイヤジャンプは両足でジャンプして、ふたつ重ねた巨大なタイヤの上に飛び乗り、そこからまたジャンプして下りる（次ページ写真）。これを繰り返すのだが、このトレーニングによって股関節が柔らかくなり、さらには下半身に筋肉がつくことから脚力アップも期待できる。

また、体つきは明らかに現代の子のほうが大きくなっている。それにともない、ピッチャーの球速の平均値も上がっているように感じる。

両足でジャンプして、ふたつ重ねた巨大なタイヤの
上に飛び乗り、そこからまたジャンプして下りる

体力はあるのに、「心」が甘いため厳しい練習を自分に課すことができず、その能力を最大限に発揮できていない選手も多くなった。こういった選手に「どのようなアプローチをすれば、最大限に能力を発揮できるのか」を考えることも、いまの指導者にとっては欠かせない要素だと思う。

選手たちにいつも言っていること
――新入生に対しては食育の重要性も説く

徳島商野球部には、先ほども述べたようにいくつかのルールがある。その中でも、もっとも大切にしてほしいことを、新入生たちが入部してきた際に毎年説明するようにしている。

最初に言うのは、「好きな野球をさせてくれている親への感謝を忘れるな」ということだ。さらに「野球をするためには、いろんな我慢をしなければならない」ということも伝える。野球をするためには、校則を守ること、世の常識にならうことは当たり前である。

自分の好き勝手にやっていたら、高校野球などできない。高校野球ほど、世間から注目されているスポーツはない。地方大会の1回戦から新聞に載るのは、注目されていることの証だ。だから、町中《まちなか》でも周囲の人たちは「徳商野球部の生徒だ」という目で見ている。普段の生活から自分を律し、自覚を持った行動が求められる。それを新入生たちにはまず説明する。

また、これは私が昔からモットーとしていることでもあるのだが、レギュラー選手が控え選手のことをバカにするような態度を取ったら、私は絶対に許さない（幸い、いまの徳商にはそこまでひどい選手はいない）。強いチームを作るには一体感が何よりも大切であり、そのためにはレギュラー選手がいかに控え選手を思いやることができるか、が大事なのである。

レギュラーの選手たちは、控えの選手がいるおかげで毎日効率よく、内容の濃い練習ができていることに感謝しなければならない。控え選手よりレギュラーのほうが、難しいことを要求されるのは当たり前である。だから、技術的なことだけでなく人間的な部分でも、私はレギュラーの選手たちには高いレベルのことを求めて厳しく接している。

いまは、ネットで調べたら何でも出てくる時代である。このネットの扱い方に関しても、いつも私は選手たちに注意するように伝えている。

打撃理論や守備理論など、ネットにはいろんな情報があふれている。高校生たちは、それらの情報を見て深いことはあまり考えず、「いいな」と思ったら取り入れてしまう。私は、ここに大きな問題が潜んでいると考えている。

その情報が、本当に信頼の置けるものなのか。あるいは、それがいまの自分に、本当に合っているものなのか。それらを客観的に判断する術を、まだ高校生はあまり持っていない。最近はフライボール革命の影響か、アッパースイングにしようとする選手もたまに現れる。私はそのような選手には、「いまの君の体力ではそのスイングは無理だよ」と丁寧に理由を説明して諭す。誰もが大谷翔平選手のようなパワーと技術を持っていればいいが、そのような選手は世界を見渡してもほんのひと握りである。そういったハイレベルなスイングを、体力も技術もまだ満足についていない高校生が真似をしようとしても、とてもではないが無理な話なのだ。

スマホがひとり1台のいま、ネットを見ることを禁止にはしていない（先述したが、不特定多数へのSNSの発信は禁止)。ネット情報の中から、自分に合ったものを探すのも大切なことだが、何でもかんでも鵜呑みにしてしまうのはとても危険だ。球児のみなさんには、そのことだけはちゃんと覚えておいてほしい。

新入生に対しては、「食育」に関しての説明もある程度は行っている。親御さんたちにも、バランスの取れた食事法をお伝えしたり、「こういうものを食べさせてください」とお願いしたりもしている。とくに新入生たちには、「食べる量を増やして体を大きくする方法」とその重要性を説く。

2024年1月現在、うちの部員は25人おり、そのうち7人が寮生活で、あとは通いである。寮は、グラウンドから自転車で10分ほどのところにある。社宅のような建物で、基本的にひとり1部屋。風呂とトイレは共同。歩いて2~3分のところに食堂があり、そこで朝と晩の食事を取る。自分の部屋で飲食ができるよう、簡易キッチンも各部屋には設けられている。

うちでは選手たちの体を大きくするために、練習の前後、あるいは練習中に軽食を取るのはOKにしている(おにぎりやパン、餅など)。練習が終わると、ほとんどの選手がプロテインを飲む。エースだった森は、練習後にはプロテインに加えて、おにぎりも必ず食べていた。また、全部員の体重測定も毎日行い、体重増加の目標値を定めて一定期間でどれだけ増えたかを確認できるよう、体重管理も行っている。

新入生たちは、頭の中がまっさらな状態で本校にやってくる。言い換えれば、乾いたスポンジのような状態であるからこそ、野球部の基本理念や私の考え方、食育に関することなどを、入部してすぐに教えることに意味があると私は考えている

第4章

徳島商の練習、戦術、セオリー

野球部の練習環境と設備

野球部の練習は、校舎に隣接したグラウンド（写真①）で行っている。広さは、ライト側が95m（体育館があり、練習試合の際は体育館の2階より上に当たったらホームランとしている）、レフト側が96m（練習試合の際は、大きなフェンスを外野に並べる）。

ブルペンは一塁側に3カ所（写真②）、三塁側に2カ所（写真③）ある。三塁側のブルペンは、私が赴任してくる直前に作られたものだ。一塁側、三塁側それぞれで傾斜が若干異なっており、ピッチャーたちには好きなほうで投球練習をさせている（一塁側のブルペンのほうがやや角度がある）。

専用のトレーニングルームはうちにはなく、ベンチプレス台やバーベルといった基本的なウエイト器具で、筋力トレーニングを行っている。専門的な器具がない代わりに、学校から徒歩で10分ほどのところにあるウエイト専門のジムに選手たちを通わせている。週に何度通ってもいいのだが、シーズン中は練習後に任意で行くようにしている（平均すると週2回程度）。シーズンオフは全員でローテーションを組み、週に2回通わせている。

そのほかの設備として、3年前に雨天練習場（写真④）が造られた。サイズは24m×8mほどで、ピッチングマシン2台を置いてバッティング練習をしたりしている。地面が人工芝なので、ここではティーは行わない（人工芝をはがしてしまう恐れがあるため）。本当はここでピッチング練習もさせたいのだが、マウンドを作るにはかなりの費用がかかるためまだ実現にはいたっていない。

県外に遠征する際には、野球部専用のバスを使っている。運転手はその都度、専門の方を雇う。遠征に行く部員には、遠征費を徴収して交通費と運転手の費用にあてている。

部員数は2024年1月時点で、2年生が11人（うち軟式出身4人、硬式出身7人）、1年生14人（うち軟式出身5人、硬式出身9人）と、近年は硬式出身者のほうが多い。しかし、2023年夏の甲子園出場メンバーの外野は、みんな軟式出身者だ

①ライト側が95m、レフト側が96mの校舎に隣接したグラウンド

②３カ所で投げられる一塁側ブルペン

③やや傾斜が少ない２カ所の三塁側ブルペン

④主にマシン打撃で使用する
雨天練習場

った（そのほかにはショートが軟式出身）。マネージャーは2年生が3人、1年生がひとりである（3年生は7人いた）。

最近の新入生を見ていると、硬式出身者は変な癖を持ってしまっている選手が多い（軟式出身者にはあまりない）。だから、硬式出身者には違うスポーツを教えるかのように、最初は基本からとても丁寧に教えるように努めている。

平日と週末のスケジュール

本校野球部のスタッフは、次の通りである（全員徳島商ＯＢ）。

監督　森影浩章　60歳　全体を見つつ、主に打撃担当
部長　大原弘　47歳　全体を見ている
副部長　小泉潤三　52歳　守備担当
副部長　三木伸也　27歳　投手担当

※このほかに、週に一度体幹トレーニングを教えに来てくれている外部トレーナーとして、花増幸二さんがいる

本書でお話ししてきたように、昔の徳島商は外部から招いた指導者ばかりだったが、いまは先述したスタッフ4人とともに学校の職員である。これは現在の校長の方針でもあり、私が赴任してからは学校職員のみでスタッフを構成している（私以外は3人とも商業科の教員）。

平日は15時35分に授業が終わるので、16時頃から練習開始となる（週2回、火曜と木曜は7時間授業なので17時頃から）。

全体練習は16時～19時30分まで（シーズン中はMAX20時まで）。その後、各々が自主トレを行う。自主トレは21時30分までには照明を落とし、引き上げるのが決まりとなっている。

グラウンドは野球部専用ではなく、ほかの部活と共用である。だから練習開始後、1時間～1時間30分ほどはバッティング練習のために全面を使わせてもらい、その後はサッカー部（男女）に半分を渡す。そこからは校庭半面使用となるため、内野とライトのスペースだけを使って内野ノックや外野ノックなどの練習を行う。

平日の練習は16時に始まったとして、アップの後すぐにバッティング練習を始める。これは限られた時間を有効に使うためであり、キャッチボールはバッティング練習中に、守備をしながら行うようにしている。

後で述べるが、うちはバッティング練習のときに守備練習も行う（生きた打球を捕るのを大切にしているから）。そのため、シートノックなどの守備練習はする日としない日がある（割合で言えば半々の5割）。ノックをしない日は、バッティング練習を増やす。とくに月曜は、サッカー部の練習がなく全面を使える時間が長いので、バッティング練習になるべく多くの時間を割くようにしている。

フリーバッティングを行う際、バッティングゲージが2カ所なら内野の守備をつけ、3カ所から打つときは外野の守備のみにしている（危険を避けるため）。

ゲージを最大3カ所設置するフリーバッティングの際のマシンは、ストレート、右カーブ、左カーブなど、その日によって組み合わせや台数を変える。

フリーバッティングは打つ班、守る班などに分けて行い、自分の打席を待っている間にティーなども行う。打つのは3カ所を巡りながら、1カ所10分ずつの計30分。30分間ずっと打ち続けるのは体力的にかなりきついが、その分スイング力が身につく。

このように、バッティング練習やノックを19時頃まで行い、その後に全体での素振りやダッシュなどのランメニューをこなす。

シーズン中は週に1回、シーズンオフは2日に1回くらいの頻度でサーキットトレーニングも行っている。

このサーキットトレーニングは、富岡西時代に陸上の先生が考えてくれたものだ。タイヤを引っ張る、タイヤを押す、股関節を柔らかくするためのスクワットをしてからのダッシュ、腕立て伏せ（手を着く位置が広い、普通、狭いをそれぞれ30回ずつ）、腹筋、背筋、両足ジャンプ、鉄棒を使った懸垂などが主たるメニューで、全部やれば1時間〜1時間半くらいかかる。これも班分けをして、1班はサーキット、2班は雨天練習場でバッティング練習など効率よく行う。

シーズン中の土日祝日は、練習試合を行う（対戦相手などに関しては後述）。ホームグラウンドでの試合はAチーム、遠征にBチームが出るというパターンが多い。

シーズンオフの土日祝日はコロナの影響などもあり、半日間の活動が多くなった（朝から昼、もしくは昼から夕）。午後に行う場合なら、13時から17時頃までの4〜5時間程度。シーズンオフは体力をつけさせるためにランメニューも多く行うが、長距離走はあまりさせていない。多いのは中距離のインターバル走や、短い距離のダッシュである。

守り勝つ野球と打ち勝つ野球を同時に目指す

徳島商の野球は、「守り勝つ野球」がベースである。いまはその基本に私の考えも織り交ぜて、日々指導を行っている。守りは「基本に忠実に」というのを徹底している。高レベルのうまい守備やファインプレーはいらない。普通の当たりを普通にアウトにする。堅実にアウトを取れる守りを本校では追求している。

高知の伊野商が、1985年のセンバツでエースの渡辺智男投手を擁して初優勝したときのように、公立校でもごく稀に超高校級のすごいピッチャーが入ってくる。でも、「すごいピッチャーがいないと甲子園に行けない」では面白くない。だから、私は「守り勝つ野球」と同時に、「打ち勝つ野球」も目指すようにしている。

２０２３年の夏はエース・森がいてくれたおかげで、うちは甲子園に出場することができた。しかし、毎年彼のようなすごいピッチャーが入ってきてくれるわけではない。とくに、公立校にいい選手が分散してしまう徳島では、その傾向が顕著である。だからこそ、私は那賀で指導者となってから、ずっと守備力は強化しつつ「打ち勝つ野球」も並行して目指してきたのだ。

私の目指す「打ち勝つ野球」の理想は、どんな打順からでも得点できる打線を作り上げることだ。私が培ってきた理論で選手たちにバッティングを教えれば、ある程度は打てる打線を作れるという自負がある。具体的には、森のようないいピッチャーでも調子の悪いときはあるので、常に5点は取れる打線を目指して指導している。

打ち勝つ打線を組むためには、本来は体の大きな選手をできるだけ多く揃えたい。でも、野球がうまく、体も大きい選手はなかなか入ってきてくれないし、そもそも体の大きなバッターは、力で打とうとするのでバッティングが粗い。だから私は、相手ピッチャーが嫌がるような「いやらしいバッター」を育てる。細かいバッティングの技術と心理的な駆け引きを駆使して、好投手を打ち崩す。私は、そのためのバッティング理論を日々、選手たちに教えている。

小松島時代に実践していたように、足の速い選手が多ければ機動力を用いた野球をベースにする。そして、選手たちの野球脳も磨き、それぞれが考えて動けるチームを作り上げた。

繰り返しになるが、森のような大エースはなかなか入ってこない。また、機動力野球も足の速い選手が揃っていないとできない。だが、バッティングは日々の練習でその技術を磨いていけば、ある程度は打てるようになる。だから私は、常に「守り勝つ野球」と「打ち勝つ野球」を同時に追い求めているのである。

「守り勝つ野球」をピッチャーの面から考えると、いまいる選手たちをそれなりのピッチャーにするべく鍛え上げていかなければならない。その選手の体質や性格を見抜き、「球速を上げる」のか、「コントロール、球種を身につける」のか、「駆け引きで勝負する」のか、この3つのタイプをベースとしてピッチャーを指導していくようにしている。

小松島時代に私は4度甲子園に行ったが、140キロを投げるようなピッチャーはごくわずかで、ほとんどのピッチャーが軟投派だった。130キロくらいのストレートは、バッターからすれば一番打ちやすい。だから、オーバースローのピッチャーをサイドやアンダーの軟投派に変え、変化球も覚えさせて強豪校に立ち向かっていった。徳島商は小松島時代以前と比べると、レベルの高い選手が入ってくる。ピッチャーも中学時代にエースだった選手が多く、そのようなタイプは自分の投げ方をなかなか変えようとしない。第3章で述べたが、私は上から押しつけるような指導はしたくないので、ピッチャーが嫌がるのであれば投げ方を変えることはあきらめる。もちろん、心の中では「思い切って自分の殻を破れば、もっと勝てるピッチャーになるのに」と思っている。長い指導者人生を振り返ると、このような指導者としてのジレンマと常に対峙してきたように思う。

右打ちを左打ちにする練習法
――高校時代の自分の悩みがいまに生きる

第1章でお話ししたように、私は高校時代に右打ちから左打ちに変えた。佐川監督指導のもと、自分なりに試行錯誤を繰り返しながら、左打ちの技術を身につけていった。このときの経験が指導者となったいま、とても役に立っている。

足の速さではチームトップクラスだった私は、高校2年の春に佐川監督から「左で打ってみい」と命じられて左打ちに変えた。元々器用なタイプだったので、バットの芯で捉えること、ライナー性のいい当たりを打つことはすぐにできるようになった。しかし、外野の頭を越えるような長打を打てる気は、まったくしなかった。

それまでの私は右バッターとして、ある程度は長打も放っていた。右バッターが長打を打つには、利き手である右手の操作が重要となる。逆に左バッターならば、左手の動きが肝心なのだが、元々右利きだった人間に左手がすぐにうまく使えるようになるはずもない。しばらくの間は、「しっかり引きつけて逆方向に打つ」ことを意識しながら、左手の操作感覚を磨くことに専念した。

ではそのとき、実際にどのような練習を行っていたのかを具体的にご説明しよう。まず、逆方向であるショートを狙って打つバッティングを繰り返し、「インサイドアウトのスイング」と「引きつけて打つ」感覚を磨く。ベイスターズに入団した石上には、三塁側にファウルを打つ練習もやらせた（手元まで引きつけてミートする感覚を磨くため）。このバッティングができるようになると、「ここまでボールを呼び込んでも間に合う、しっかりミートできる」ということを体で理解でき、速球にも対応できるようになる。そういった練習を繰り返し、力がついてきたら「引っ張ってもＯＫ」にするのだ。

現役時代に右打ちも左打ちも経験したからこそ、指導者となったいま、私はいろんなタイプの選手に的確な助言ができるようになった。

いまでも、「この選手は左打ちにしたほうがいい」と思えば、その選手と相談の上で打ち方をスイッチすることもある。２０１２年にキャッチャーだった竹内翼は、３年の春に左打ちに変えた。竹内を１年のときからずっと見ていて、私は「右打ちより左打ちのほうが合っているんじゃないか？」と感じていた。その思いが強くなったため、２年の終わり頃に「左打ちもできるだろう？」と聞くと、小学生の頃は左で打っていたという。中学時代になぜ右打ちに変えたのかは聞かなかったが、竹内は左打ちに変えてから打率を大きく伸ばした。

また、右から左とは逆に、左打ちだった選手を本来の右打ちに戻すパターンもある。足もあまり速くなく、器用でもないのに右投げ左打ちの選手がいると、「右に戻したら？」と提案する。こういった指導は、自分が左打ちに転向していなければ気がつかなかった感覚だと思う。

バッティングの基本
——ティーは気持ちよく打たせないのが大原則

本項では、バッティングの基本となるスイングの解説と、そのスイングの身につけ方をご説明したい。

［スイングの基本——インサイドアウトのスイングの利点］

いわゆる大振りにも近い「ドアスイング」は、当たれば大飛球となるが、速球（とくにインコース）や鋭い変化球に弱い。このドアスイングでは高いレベルのピッチャーには通用しないため、スイングの基本とされる「インサイドアウトのスイング」を身につける必要がある。

インサイドアウトのスイングとは、グリップからバットが出てきて、体の近くをバットが通りつつ、最後にヘッドの部分が出てくるスイングのことである。インサイドアウトのスイングにはヒッティングポイントがたくさんあり、呼び込んで（体の近くで）打つこともできれば、前で（ピッチャー寄りのポイントで）打つこともできる。インコース、アウトコース、どちらにも対応できるのでボールをさばきやすい。

【インサイドアウトのスイングをするときの体の使い方】

インサイドアウトのスイングをする際の体の使い方だが、まず下半身の動かし方から説明しよう。スイングをするとき、軸足の母指球を意識しながら後ろ膝（右バッターなら右膝）が前膝に近づいていくように回転（内旋）する。

上半身は、右バッターなら右肘をヘソの上に持ってくるようにスイングを開始する。スイングはレベルスイングというより、台形を上下逆にした形のようなイメージの軌道である。最初はダウンスイング、そこからレベルスイングになり、最後はややアッパー気味に振り切る。横から見たとき、スイングがV型ではなく、台形逆さ型になるイメージでスイングするといいだろう。

【インサイドアウトのスイングを身につけるために❶】

インサイドアウトのスイングを身につけるために、うちでは素振りで長尺バットや2mの竹竿を使用している。手頃な太さの竹を2m程度に切って、それを振るのだ。

長尺バットや竹竿の素振りは、歩くように軸足から「1、2、3」とステップをしながら振る（右打者の場合、右足を左足の後ろに来るようにステップしていく）。ステップしながら振るのは、歩きながら振ることで股関節と内転筋を使った動きも一緒に覚えられるからだ。

50回のスイングを2回（計100スイング）、これを1セットとする。使うバットは長尺バット（竹竿含む）、竹バット（長さ120cm）、普通の木製バットの3種類で、これをそれぞれ1セットずつ、合計300本のスイングをするのがうちの通常の素振りの練習方法だ。

【インサイドアウトのスイングを身につけるために❷】

本校では、バッティング技術を「ホップ」「ステップ」「ジャンプ」の3段階に分けて習得するようにしている。最初の「ホップ」は素振りである。次の「ステップ」がティーバッティング、最後の「ジャンプ」がフリーバッティングなどのバッティング練習だ。この3段階それぞれに100点を目指してクリアしながら、段階を踏んでレベルアップしていくようにと伝えている。

2段階目の「ステップ」に位置するティーバッティングだが、他校では投げ手が普通にトスをして、バッターに気持ちよく打ってもらうやり方が主流だろう。しかし、本校でのティーバッティングは「気持ちよく打たせない」が大原則となっている。

なぜ、気持ちよくティーバッティングを打たせないのか？

一番の理由は、普通にトスして打つだけのティーだと、ドアスイングのような力任せのスイングが身についてしまうからである。だからうちではそうならないよう、あえてやりづらいティーバッティングをさせて、インサイドアウトのスイングを身につけてもらうようにしているのだ。そんな理由から、夏の大会前などは、インサイドアウトを身につけた選手は普通のバッティング練習のみを行い、ティーバッティングは一切行わない。うちのティーバッティングは、あくまでも「インサイドアウトのスイングを身につけるため」だけに行う練習という位置づけだ。具体的には、次のような種類のティーバッティングを行っている。

［徳島商のティーバッティングの種類］

① 高め、真ん中、低めを連続して打つ
② 股を大きく割り、前で打ってフォロースルーを大きく取る
③ ヘソの前で打つ（ヘソの前で手首をしっかり返す）
④ 逆方向に（流し気味に）打つ
⑤ 背中のほうから投げられたボールを打つ
⑥ 真後ろから投げられたボールを打つ

このほかにも、横8の字スイングをしてから打つティーなど、いろんな種類のティーを行っているが、ここに挙げたものが主たるティーバッティングである。インサイドアウトのスイングを身につけるためにも、ぜひお試しいただきたい。

また、インサイドアウトの説明をするときは私自身がバットを振ったり、ティーを打ったりして見本を見せることがある。そのときに上半身、下半身の使い方を事細かく説明する。それで体の動かし方やバットの使い方が悪ければ、自然とドアスイングになることも説明する。

あと、年に2回ぐらいはマシンを使って打つこともある。50歳ぐらいまでは、140キロのストレートで見本を見せていた。今はさすがに目がついていかないので、110~120キロぐらいのカーブで見本を見せている。そのときは必ず右、左両方の打席で打っている。その際にも、悪い下半身の使い方をすると体が開きやすいとか、バットが下から出やすいとか、上半身の使い方などを事細かく説明しながら打つ。

生徒の独特な（変な）投げ方、打ち方、走り方を直すときは、それぞれ真似をしてあげる（私は真似をするのが得意なほうなので）。生徒はキョトンとした表情で私のほうを見てくる。自分は、そこまで変なフォームではないと思っているのだろう。

そこでそのときは、もうひとりかふたりをいつもそばに置いて行う。そうしたら、彼らがそっくりだと笑ってくれる。本人はそこで初めて自分の特徴に気がつき、こちらから「どうする？」と聞くと「（フォームを）直したいです」と言うので、そこから個人指導で直していく。私はどこをどう動かしたら、このようなフォームになるのかがわかっている。たとえば、そのときに膝が注意点であれば、「膝をこのように動かして」と言いながら矯正していく。そうすることによって、正しいフォームに近づけていくのだ。

守備と走塁の基本と練習

野球部に入部してきた1年生には、徳島商の伝統である「守り勝つ野球」を説明するとともに、守備を基本から徹底して叩き込む。

相撲でいうところの「はっけよい」の姿勢が守備の基本姿勢となるが、このとき骨盤を前傾させて、猫背のように背骨が丸くならないよう背筋を伸ばすことが重要である。この姿勢を保つことで懐が広くなり、ゴロの急な変化にも対応できるようになる。徳島では土のグラウンドがメインであるため、下ろしたグローブを少し前目にして、ゴロを両手で包むようにして捕るようにとも教えている。

飛んできたゴロをうまく処理するためには、まずゴロのラインに自分を合わせる。自分の左足側に近いところで捕るようなイメージで、打球のラインに入ってゴロを捕球する。内野手は基本的に捕った後、ファーストに送球するために左側にステップする。自分の左足側で捕るのは、そのステップをしやすくするためだ。

守備の基本である捕球姿勢と送球動作を身につけるには、毎日地道に練習して体で覚えていくほか方法はない。ふたり一組でお互いにゴロを転がし合うなどして、シーズンオフにはとくに、この基本練習を徹底して行う。

守備力をアップさせるために、ノックはとても大切な練習である。だが、先述したようにうちでは練習効率を高めるために、2カ所から打つフリーバッティングのときに内野の守備もつけ、それを「実戦的な守備練習」としている。

ファーストには捕球ネットを置き、内野手は捕った後にそこに投げる。ノックも重要だが、私は生きた打球を捕ることが何よりも大切だと思っているので、この実戦的なやり方がうちでは守備練習のメインとなる。

より実戦的にするため、フリーバッティングのときにランナー（二塁、三塁などその都度状況を設定する）を入れて行うこともある。その場合は、ランナーの前に防御ネットを並べて危険がないようにして、ゴロを打った瞬間にスタートを切る、帰塁するなどの打球判断を磨く。

近年は、タイブレークの練習に力を入れている学校も多いようだ。うちでは、ノーアウト・ランナー一二塁設定でのバッティング練習や守備練習をすることはあるが、特別に時間を設けてタイブレークの練習をすることはない。

タイブレークになった場合、表のチームはほぼバントで行くしか選択肢はなく、裏のチームのほうが心理的にもやや有利である。ノーアウト・ランナー一二塁でバントが来ても、守備側はまずひとつ一塁で確実にワンアウトを取ればいい。フィルダースチョイスやエラーによって、オールセーフにしてしまうことだけは避けたい。

タイブレークでバントをさせるとき、右バッターで三塁側に転がすのが苦手な選手がいたら、三塁側に転がすとピッチャーに捕られて三塁でフォースアウトを取られる可能性があるので、私は基本的に一塁側に転がすように指示をしている。

機動力野球を実践する上で、走塁技術の向上は欠かせない。そのため、うちでは先述したように、走塁練習を実戦に近い形で毎日行っている。

また、走塁の基本である離塁、帰塁の仕方は1年生の頃にみっちり教える。とくに第1リードの取り方、第2リードの体重のかけ方（ゴー、バック）は実戦的な練習を積んでいくことが大切である。

ライナーバックで帰塁したとき、アウトになってしまうのは体重が右足に乗りすぎているからだ。第2リードをしっかり取り、バッターが打ったらまずは「止まる」。そして、打球を見てから瞬時に動く。この「止まる」という動作を早めにしておくことで、ライナーバックのアウトは防げる。私は選手たちに、「次の塁に進めなくてもいいから、早めに第2リードを取ってしっかり止まりなさい。そうすればライナーでもすぐに戻れるから」と教えている。

ランナー二塁でバントをしたとする。このときの二塁ランナーの走塁も、第2リードをしっかり取り、止まった状態で打球を見て、転がったのを確認してからスタートを切るように指示している（もしそれで三塁でアウトになってしまったとしたら、それはバッターの転がした場所が悪いということ）。

そのほかにも、「自分の身長より高い打球はゴー」もうちの走塁のセオリーである。もしその打球を、相手の内野手がジャンプ一番ファインプレーでキャッチしたら、もうそれはそれでしょうがないと考えている。

バントの極意
――バットは引くのではなく、握る

守備と同じくバントに関しても、うちでは入部してすぐに基本から徹底して教え込む。フリーバッティングの際にバント練習を入れたり、あるいは別枠で重点的にバント練習をしたりすることももちろんある。

かつて私たちが現役だった頃、バントをするときはピッチャーに体を正対させて行うのが基本だと教えられた。しかし、いまこのように体を正対させてバントを行うチームはほとんどなく、私も「バントをするときはピッチャーに正対するな」と言っている。

バントの構えは、通常の打つときのスタンスか、もしくは右打者なら右足をちょっと後ろに引いて構えるスタンスのどちらか、好きなほうを選手たちに選択させている。右足をちょっと引くと角度がつけやすくなるため、三塁側に転がしやすくなる利点が

ある。

バッターボックスの立つ位置が前方か後方かは、それぞれにメリット、デメリットがある。だから私は、立つ位置に関しても「自分の好きなほう、やりやすいほうでいい」と教えている。

バッターボックスの前に立つと、フェアゾーンの中から外へというイメージで、ライン際に転がったゴロは切れてファウルになりやすい。逆に後ろに立つと、フェアゾーンの外から中へというイメージで、ライン際は切れにくくなる。また、「中に入れよう」という意識が高まり、ピッチャー方向に転がってしまう可能性も高くなるので注意が必要だ。

バントをする際には、「バットを引いてバントするな」というのも昔から徹底している。打球の勢いを殺そうとするあまり、バットを引いてバントするとファウルになりやすい。だからうちでは、「引くのではなく、当たった瞬間にバットをギュッと握る」イメージでバントをさせている。当たるまでは柔らかく緩く握り、当たった瞬間にギュッと力を入れる。ボールを当てるポイントは、芯よりちょっと先端寄りの位置がベストである（そこに当てれば打球の勢いを殺せる）。

また構えたとき、「バットがストライクゾーンの高めに来るように」と教えている指導者もいるが、私はそのような言葉は使わず「楽に構えなさい」とだけ言っている。そして、ストライクゾーンの低めにボールが来たら、「腕だけでなく、膝を使って（曲げて）当てにいくように」とも教えている。

意外かもしれないが、うちではスクイズの練習は行っていない。もちろん、試合の状況によってはスクイズのサインも出す。でも、特別にスクイズの練習をすることはない。

長年、選手たちを見てきた経験から言えるのは、スクイズは「うまくできるタイプ」と「できないタイプ」がいるということだ。さらに面白いことに、試合ではスクイズのサインを出したい場面で、「できないタイプ」に打順が回ってくることが多い。私も監督になったばかりの頃は、そういった場面になると誰でも彼でも構わずスクイズのサインを出していた。でも、いまはバッターを見て、無理そうなら絶対にスクイズのサインは出さない。だから、いまはスクイズよりもゴロゴーでホームを狙わせることのほうが多い。長年の経験則によって、私の采配もだいぶ変わってきている。

徳島商の特殊なセオリー

新チームとして立ち上がったばかりの秋の大会では、選手たちもまだ公式戦慣れをしていない。そんな選手たちに対して、私が目指す野球を実現させるために高度な注文ばかりつけていたら選手たちは戸惑い、プレーに集中できなくなってしまう。だからうちでは、「秋の大会だけのセオリー」というものがある。その例をいくつかご紹介したい。

相手の攻撃において、先頭打者に出塁を許してノーアウト・ランナー一塁となる。このとき、出塁原因がフォアボールかエラーの場合に限り、ピッチャーは初球を投じる前に一塁に牽制球を投げるよう指示している（投げずに、プレートを外すだけでもいい）。これは、冷静になって嫌な流れを一旦止め、断ち切ろうとするものである。

また、ここで次のバッターがバントをしてきたら、二塁でギリギリのアウトを狙うのではなく、一塁に投げてそこで確実にアウトを取るということも徹底している。この状況で一番避けたいのは、二塁でアウトを取ろうとして傷口を広げてしまうことだ。悪い流れのままノーアウト・ランナー一二塁にしてしまうのは、その後の大量失点につながりやすい。こういった場合は、とにかく高望みせずに、ひとつずつアウトを確実に取っていくのが最善の策だと思う。

うちが攻撃のとき、ノーアウト・ランナー二塁で外野にフライが飛んだ場合はタッチアップ一択（外野手の前の打球でタッチアップが無理な打球以外）。1アウト・ランナー二塁で外野フライの場合はハーフウェイで待機。これも、秋の大会だけのセオリーだ。この時期、選手たちは外野に飛んだ打球の判断を瞬時にできない者が多いので、このような策を取っている。とくに1アウト・ランナー一二塁で外野に打球が落ちたのに、ホームに還れないのはボーンヘッドである。だから「1アウトのときは、タッチアップできなくても構わないから、ホームを狙え」と説明している。

守備のときと攻撃のときのセオリーをお話ししたが、これは秋だけの特別ルールだ。いわば初心者用のルールみたいなものなので、次の年の大一番である夏の大会はこれらのセオリーは用いない。夏はもっとレベルが上がり、いろんなパターンの戦術、采配を駆使して全力で勝ちを取りにいく。

またここで、とくに1年生たちに教えている初歩的な本校のセオリーをいくつかご紹介しよう。

［バッテリーのセオリー］

・左ピッチャー対左バッターのときは、インコースのストレートは打たれにくい

・体が開き気味のバッターには、あまり緩い球を投げない

・右バッターが、ノーストライクの状況からアウトローの難しいボールを振ってきたら、右狙いだと考えてインコースを攻める

・牽制はランナーを殺すために投げるのではなく、盗まれるのを防ぐために行っていると心得よ

［ランナーのセオリー］

・相手ピッチャーに対して、最初に出塁したランナーはわざと大きめのリードを取って牽制球をもらう

・ノーサインのときは第1リードを大きく取り、帰塁を意識する
・一塁側方向にバントをしたバッターランナーは、ラインの内側を走らない（守備妨害になるのを防ぐ）
・1アウト・ランナー一三塁の場面において、ピッチャーゴロなどで明らかにダブルプレーを取られそうな場合、三塁ランナーはダブルプレーを防ぐためにあえて挟まれて時間を稼ぐ

【守備のセオリー】
・2アウトになったら、サードとファーストはライン寄りに守る（長打警戒）
・詰まった飛球が目の前に飛んできたら、思いっきり突っ込む（後逸してもカバーがいるので大丈夫）

【打撃のセオリー】
・守りのミスで失点した次の攻撃で、先頭打者は初球を打つな
・チャンスの場面は、狙い球を絞って積極的に振っていく

ここで挙げたものはいずれも初歩的なものばかりだが、2年、3年と学年が上がるにつれてやること、覚えなければならないことはどんどん増えていく。選手たちの「野球脳」を高めていくことは、強いチームを作る上で欠かせない作業だといえよう。

また、ここには書き切れないチームのセオリーはたくさんあるので、もし知りたいというのであれば、直接聞いてくれればお話ししたいと思っている。

キャッチボールを趣味にしよう！
――チームからイップスを出さない指導法

私は普段の指導において、ピッチャーのフォームに関しては、あまり細かい注文はつけないようにしている。ただ、股関節と軸足の動きに関してだけは重要な部位でもあるので、悪い動きをしている場合はその選手とともに改善に取り組む。

股関節が硬いピッチャーには、まず股関節を柔らかくする練習やストレッチなどを行う。また、軸足一本で立ったときに膝が前に折れてしまうピッチャーがたまにいるが、このフォームだと体重移動がスムーズにできないので、膝が折れないフォームに直していく。

右投手で、膝が前に折れると重心も三塁方向に流れてしまい、バッター方向に理想的な体重移動ができない。膝を折らず、なおかつ体が開かないように（横を向いている時間が長くなるように）、いわゆる「ヒップファースト」で重心移動できるように修正していくのだ。

腕の振り方は、よほど悪くない限りあまりいじらない。むしろ私は、腕の振りよりもグローブをしているほうの手の使い方で助言することが多い。

グローブをしているほうの手の指導に関して、昔は「バッター方向にグローブをしている手を突き出し、投げるのと同時にグローブを体のほうに引く」という教えが主流だった。しかし、私はグローブをしているほうの手は、そのピッチャーの腕の振り、体重移動に合った動きをしていれば問題なしと捉えている。

だから、グローブをしている手の動きが、そのピッチャーに合っていないと感じたら、「こうしたほうがいいんじゃないか」と助言することはある。その動かし方にしても、「しっかりバッターにグローブを向けろ」という場合もあるし、「少しグローブの位置を下げたほうがいい」と言ったり、「肘を伸ばせ」あるいはそれとは逆に、「肘を曲げてグローブを自分のほうに向けながら投げたほうがいいんじゃないか」と言ったりするときもある。ピッチャーのフォームは十人十色なので、そのピッチャーにもっともふさわしいフォームとなるように、助言の仕方も選手ごとに変えている。

第3章でお話ししたが、森には正しい重心移動や腕の振りを覚えてもらうために遠投をさせた。外野手がバックホームするときの投げ方や、サードやショートが逆シングルで捕った後の一塁送球の投げ方なども、ピッチャーのフォームを修正する上でとても有効な練習である。

近年、イップスの症状に悩む選手がとても多いと聞く。しかし、いままで私が指導してきた選手で、イップスになった者はひとりもいない。

キャッチボールの指導では、「胸に投げろ」「捕りやすいボールを投げろ」という細かい指示が多い。でも、「ここに投げろ」とあまりに細かい指示を出すと、高校生は「ちゃんとやらなければ」と委縮してしまう（言われた相手が指導者や先輩だった場合はなおさらである）。だから私は、キャッチボールのときや内野手の送球などに関しても、「このあたりでOK」という言い方しかしない。

野球の基本はキャッチボールである。私は選手たちに、いつも「キャッチボールを趣味にしろ」「時間があったらキャッチボールをしろ」と言っている。投手、野手を問わず、いいボールを投げるためには、キャッチボールが何よりも重要なのだ。

練習試合の相手探しで困ったことはない
――日体大ネットワークと対戦チームに感謝

シーズン中の土日祝日は、練習試合か公式戦が入る。練習試合に関しては毎年、「この時期にはこのチーム」と、半ば慣例化しているケースが多い。前年の秋頃の時点で、すでに翌年の3月から6月末までの予定はほぼ決まっている。

県内の強豪校とは練習試合はあまり行わないが、鳴門渦潮とは森恭仁監督と懇意にさせていただいており、シーズンインとなる春先にいつも対戦している。森監督は2023年に「育成功労賞」（高校野球の発展に貢献した指導者を、日本高野連と朝日新聞社が表彰するもの）にも選ばれた徳島県を代表する名将である。

ホームグラウンドである本校校庭での試合と、遠征試合とでは割合的には9：1で圧倒的にホームが多い。

遠征では四国のほかの3県をはじめ、遠いところだと東は近畿圏の京都や東海圏の名古屋、西は中国圏の山口まで足を伸ばす。2024年の予定だと、四国では松山聖陵と済美に行くほか、初めて山口県の高川学園と宇部鴻城と遠征試合を行う。龍谷大平安にはかつてはいつも遠征で出掛けていたが、2022年からは本校に来てくれるようになった。

そのほかには、日体大のひとつ先輩である上田修身監督が指揮を執る高知商、ふたつ後輩である狭間善徳監督の明石商とは、毎年必ず練習試合をしていただいている。夏の大会前の6月には、明石商や龍谷大平安といった強豪に加え、智辯和歌山にも本校までご足労願い、力試しをさせていただいている（智辯和歌山戦は残念ながら2023年は雨で流れてしまったので、2024年はぜひ試合をしたいと思っている）。

かつては、泊まりがけの遠征で関東まで足を運び、試合をしていた時期もある。横浜隼人の水谷哲也監督は徳島出身なので昔から仲が良く、遠征で伺った際には水谷監督の声がけで帝京や国士舘とも試合をさせていただいた。

でも、泊まりでの遠征は、東方面はいまは行っても名古屋まで。それより東にはあまり行かなくなった（西方面は九州も行かない）。これは、保護者の負担をできる限り少なくしたいということと、時間短縮を考えてのことで現在のようなエリアに絞っている。

泊まりの遠征は、4月下旬と5月上旬下旬、6月中旬などに、土日の1泊2日などで試合を組む。先述した四国遠征、山口遠征などがそれに当たる。

ちなみに2024年の予定は、次のようになっている（Hはホームでの試合）。

3月　鳴門渦潮、坂出商（H）、尽誠学園、今治北（H）、夢の台（H）
4月　岡山学芸館、英明（H）、倉敷商（H）、松山聖陵、済美、高知中央、高松北、観音寺総合
5月　高川学園、宇部鴻城、藤井（H）、福山工業（H）、明石商（H）、西脇工（H）、大垣北、須磨翔風、高知商、高知
6月　西条（H）、明石（H）、川之江（H）、長田、立命館、龍谷大平安（H）、今

治西（H）、滝川（H）、智辯和歌山（H）、寒川

8月　武庫荘総合（H）、三原（H）、洲本、岡山東商（H）、明石商、今治北（H）、飾磨（H）、大冠（H）、美作（H）、岡山一宮（H）、観音寺一（H）

9月　三木、星稜（H）、舞子（H）

10月　洲本、香川西（H）、市尼崎（H）

11月　桜宮（H）、津名、東灘（H）、東播磨（H）

ざっと、このような感じで予定が組まれている。

日体大のネットワークと長年培ってきた人脈などもあり、練習試合の相手探しに困ったことはない。これは本当にありがたいことである。いつも対戦してお世話になっている学校、監督さんたちには、この場を借りて御礼を申し上げたい。

徳島商の入試制度と部員の卒業後の進路
――出口を充実させるのも指導者の役目

徳島の公立校では、8月1日から中学生の勧誘活動が解禁となる。高校から中学校へあらかじめ連絡をして、その後、中学生と面談する（面談を受ける、受けないは先方の自由）。

四国でこのようなことをしているのは、徳島県だけである。優秀な選手の県外流出を防ぐなどの意味合いも含めた制度である。（いろんな意味があって8月に設定されたのだと思う）。

育成型選抜での受験で入学してくる人数は、それぞれの学校によってバラバラだった。ところが、2022年より各部活のレギュラー未満（野球はレギュラー9名なので8名まで）と、県によって人数枠が定められた。しかも、入試を受けて合格しないといけないので、各学校ともに「来たい人なら誰でもOK」というわけでもない。

育成型選抜で合格する人数枠が定められたことで、県内では戦力が分散して平均化されていくのかもしれない。しかし、それでは県内強豪の戦力低下は否めず、全国大会に出場できたとしても上位進出を果たすことは、いままで以上に難しくなっていくのではないかと危惧している。

ここからは、徳島商野球部OBの卒業後の進路について触れていきたい。

野球部に人材を集める上でも、卒業後の進路保障をしっかりしておくのはとても重要なことである。だから私が本校の監督となってからは、選択肢を増やそうといろんな大学に足を運び、その関係性を広げ深めてきた。

近年の進学先では、関東の大学が一番多い。私は日体大に進み、とてもいい経験がたくさんできただけでなく、その後の人生にも人間関係などを含め非常に役に立った。そんなことから、野球部の選手たちにもできることなら「関東の大学に行け」と勧めている。

卒業生の進学の割合は、学校全体で見ても7割以上で、就職より進学のほうが圧倒的に多い。これは私が現役の頃とは大違いである（私の頃は就職が8割だった）。野球部だけで見ると、6～7割が野球の推薦で進学、1割が指定校進学、2割くらいが就職といった感じだ。

大学側にうちの選手の技量を見てもらえるのは、遅くても6月ぐらいまでの大学が増えてきている。それまでにいろいろな大学に選手の技量を見てもらわなければならないので、夏の甲子園では遅いと感じる。センバツに出場していると大学の選択肢も増えるので、実は秋の大会でがんばってセンバツに出場することは、高校球児にとっては非常に重要なのだ。

過去、私が徳島商の監督になってから、進学した大学・社会人野球をご紹介しよう。


【野球で進学した大学】

・関東地区
日本体育大、日本大、亜細亜大、東洋大、国士舘大、山梨学院大、上武大、城西国際大、流通経済大、中央学院大、神奈川大

・東海地区
名古屋商大、中部学院大、愛知工大

・関西地区
関西大、近畿大、龍谷大、天理大、大阪体育大、神戸学院大、関西国際大、姫路獨協大、神戸医療未来大、大阪経済大

・中国・四国地区
環太平洋大、岡山商大、広島国際学院大、徳山大、東亜大

［指定校などで進学した大学］
駒澤大、神奈川大、大阪商大、神戸学院大、桃山学院大、松山大

［社会人野球］
ＪＲ四国、倉敷オーシャンズ

２０２３年度の卒業生で進学が予定されているのは、拓殖大、山梨学院大、神戸学

院大、阪南大、羽衣国際大（日体大の後輩が監督をしている）、帝京平成大といったところだ。そのほかに指定校での進学は神戸学院大、国士舘大、徳島県内の文理大などである。また、先ほども述べたように、森は社会人野球のＮＴＴ東日本への入社が決まっている。

「徳島商に行けば、進学先がたくさんある」と近年は言われている。私としても、県内の強豪校の中で、うちは卒業後の進路が一番充実していると自負している。

第5章

徳島商と高校野球のこれからを考える

徳島の高校野球のこれから

前章でお話しした通り、育成型選抜での合格者数は、徳島県においては教育委員会が示したいろいろな決まりがあり、私たちはそれを遵守していかなければならない。しかし、それによって二極化が進み、強豪校とほかの一般校との差はますます広がっていくだろう。

県内の強豪校の中では、徳島商の受験ランクは上位に入る。だから入学するのにも、中学生から見ればややハードルが高い。しかし、だからといって徳島商がそのハードルを下げることはできない。

チームを強くするための選手集めをどうしていくか？

この点も、今後の徳島商野球部の活性化を考えていく上ではとても重要である。

徳島の高野連に登録している硬式野球チーム数は、年々減少の一途を辿っている。

当然ながら子どもの数も減っているので、鳴門渦潮のように合併する学校も今後は増えていくように思う（鳴門渦潮は、鳴門第一と鳴門工が２０１２年に合併して新設された）。

県内の「商業」と名のつく高校は本校以外、すべて合併などで消えていった。だから、いまは徳島商と「商業」を名乗れるだけでもありがたく、感謝しなければならないと感じている。全国の商業高校の監督さんとは交流があり、練習試合をすることも多い（商業学会などでもつながりがある。うちの大原部長もそこで他校の先生たちと交流を図っている）。

県内の野球部の部員数は、一般的な高校を見ると1学年10人以下のところが多い。鳴門、鳴門渦潮、池田などの強豪校は1学年20人を超えているが、本書で述べてきたように戦力がいろんな学校に分散してしまっているので、全国に出たときに勝ち上がっていくのは難しい状況だと言わざるを得ない。

徳島県高野連の加盟校の資料には、合同チームとなった校名も並んでいる。２０２3年の秋の大会では、「4校合同」というチームもあった。

部員数の減少は徳島に限った話ではないものの、「２０２3年度の各都道府県の硬

式野球部の部員数」の下位5県を見ると、

43位　和歌山　1213人
44位　福井　1160人
45位　徳島　921人
46位　高知　864人
47位　鳥取　722人

となっており、我が徳島県は下から数えて3番目に位置するほど、部員数が少ない。

2023年の徳島の秋の大会は、26チーム（30校）が参加して行われた。部員数の少ない阿南高専、脇町の2校、さらに城ノ内、つるぎ、池田辻、阿波西の4校がそれぞれ連合チームを組んで出場した。

ほかの都道府県からは、「参加校数が少なくて、甲子園に行くのが簡単じゃないか」と思われているのは私も承知している。夏の大会で優勝するのに、シードなら4試合、シードでなくても5試合を勝ち上がればいい。学校数の多い県では「8試合勝たなければ優勝できない」というところもあるのだから、そういった県に比べれば徳島ははるかに楽なのは間違いない。

でも、岡山の創志学園の門馬敬治監督は、「(参加チーム数の多い)神奈川で勝つより岡山のほうが楽じゃないですか?」と聞かれたところ(一応補足説明しておくと、門馬監督は東海大相模で春夏通算4度の甲子園優勝を果たしている)、「いや違うんですよ。大会の期間が短いので、ピッチャーのやりくり、使い方がとても難しいです」と答えていたという話を聞いたこともある(門馬監督は2022年に創志学園の監督に就任し、2024年のセンバツ出場を果たした)。

確かに、徳島の大会を見ても、夏の大会が7月第2週目の土日から始まるとしたら、その後約2週間で決勝まで行われる。ピッチャーには「1週間に500球以内」という球数制限もあるので、そうならないようにするにはシードになる必要も出てくる。シードは、秋と春の大会の勝利数の合計ポイントで決まる。だから、2024年夏の大会を有利にするためにも、この春の大会はとても重要になってくるのだ。

日本高野連は全国的な部員数減少に歯止めをかけるべく、いろんな試みを行っている。その中でも特筆すべきは、先述した部員数が1000人を下回っている鳥取、高知、徳島の3県を対象に、重点支援が行われることである(2023年12月に発表された)。

この重点支援は、日本高野連が2018年から取り組んでいる「高校野球200年構想」の新規事業のひとつで、「3カ年重点支援事業」とされている。鳥取、高知、徳島の3県に対して、通常支援にプラスアルファの事業を3年間継続して行っていくそうだ。

この日本高野連の取り組みは本当にありがたい。でも、それに頼っているだけではもちろんいけないので、徳島県では以前から監督会が小学生を対象とした「少年野球教室」を開催したり、幼稚園児向けに「ティーボール教室」なども行ったりしている。

本校でも、シーズンオフの土日にうちのグラウンドを使い、2時間程度の「少年野球教室」を開いたこともある。このような取り組みはすぐに成果として数字に表れるものではないが、地道に続けていくことに意味があると考えている。日本高野連、徳島県高野連、さらには県の監督会などとともに徳島の野球を盛り上げるべく、これからもがんばっていきたい。

飛ばないバット導入で高校野球はどう変わるのか

2024年の春から、いわゆる「飛ばないバット（低反発金属バット）」が高校野球に導入される。うちでも2023年の秋から、このバットを試している。選手たちのバッティングを見て、私は「芯を外すと打球がいままで以上に弱くなる」と感じた。内野のボテボテは、いままで以上にボテボテになる。「木製のような打球」と言う人もいるが、私の感覚だと木製の当たりよりも弱い。打球に威力がないから、ライン際の打球は切れにくくなる。そんな印象も受けた。

ただ、飛距離に関しては、きちんとインサイドアウトのスイングができている選手が芯でしっかり捉えれば、いままでのバットとそれほど変わらない。鞭のように、バットをしならせて打てるバッターなら、飛ばないバットはあまり苦にならないはずだ。しかし、ドアスイング系のパワーヒッターは、使いこなすのにかなり苦労すると思う。

私は今回の「飛ばないバット」の導入を機に、試合ではうちの選手たちにできれば木製バットを使わせたいと考えている。なぜなら、「飛ばない（金属）バット」より、木製バットのほうが軽いからである。

飛ばないバットの重量は「900グラム以上」と規定されており、それより軽い木製バットはたくさんある。また、飛ばないバットの最大径は従来の67ミリから64ミリとなり、64ミリは木製バットの平均的な太さでもある。この点を加味すると、木製のほうが有利なのだ。

選手たちに聞くと、飛ばないバットは「細くて重いので振りにくい」と言っていた。慣れていないこともあるのだろうが、私から見ても「ヘッドが走っていないな」という印象だ。

これらの理由から、資金的に余裕があれば木製バットを使わせたい（木製バットは芯を外せば簡単に折れてしまうので、資金力も必要になってくる）。夏の大会に備え、練習試合などで試しに打たせて、「使いたいです」と言う選手には、木製バットを使わせようかと思案しているところである。

春以降、他校でも木製バットを使う動きがきっと出てくるだろう。2024年のセンバツはその試金石となるだけに、全国の球児、関係者が注目している。そして夏の大会でも、木製バットを使う選手が現れるかもしれない。高校卒業後も野球を続けようと考えている選手ならなおさら、木製バットに早くから慣れておくこともできる。

守備重視の野球をしてきた学校の監督さんの中には、飛ばないバットの導入を歓迎している方もおられるようだ。でも私は、飛ばないバットによって必ずしも守備重視のチームが有利になるとは考えていない。

先に述べたように、しっかりしたバッティング技術を持っていれば、飛ばないバットはあまり関係ない。逆に守備がいくらよくても、バッティングが悪ければ点はいままで以上に取れなくなり、勝利は遠ざかっていく。

木製バットは折れやすいので、1試合に2本、3本を用意しなければならないと考えると、公立の野球部としては財政的にやや厳しいところもある。まずはセンバツの様子を見て、春以降に選手たちにも試用させてみて、夏の大会前に最終判断を下そうと思っている。

酷暑への対応
――いまの子どもたちが弱くなったわけではない

近年、夏の異常な暑さ（高温）が全国各地で記録されている。最高気温が35度以上の猛暑日はもはや珍しくなく、熱帯夜（夜間の最低気温が25度以上）も当たり前になってしまった。これは、私たちの暮らす徳島も同じである。しかし、徳島は山や海といった自然に囲まれているので、都会の猛暑、酷暑に比べればまだマシかもしれない。

とはいえ、２０２３年の夏の暑さは、徳島でも実に厳しいものだった。練習中、30度を超えると本当にしんどい。選手たちにはまめに水分補給をさせているが、いくら水分を摂っても追い付かない。夏の大会では、ベンチ裏のダグアウトルームには、高野連の配慮で冷風が出てくるクーラーが設置されていた。守備が終わると、バッテリーはそこに行ってアイシングしながら休む。選手たちが熱中症にならないよう、３回と7回終了時にはクーリングタイムも設けられた。

全国各地の大会、さらにその後の甲子園では、試合中に足をつる選手が続出していた。どのチームも、熱中症対策はしているはずだし、高野連の配慮で先に述べたようなさまざまな対策がなされていた。それでも足をつる選手が出てしまうのは、これはもう異常な暑さ（高温と湿度）が原因であってどうしようもない。幸い、うちの選手は夏の県大会、甲子園ともに、足をつる選手は出なかった。

高野連にあえてぜいたくを言わせてもらうならば、夏の試合は昼間の時間帯（11時頃～14時頃）を外して行っていただきたい。うちでは夏の大会の直前、調整期間に入ってからは、15時以降の涼しい時間帯に練習するようにしていた。また、夏の大会前の6～7月には、夏の暑さに耐性をつけるため、わざと日中の暑い時間帯に選手たちを走らせたりすることもあった。

甲子園が終わった後の夏休み期間中も、選手たちが熱中症にならないよう練習方法には本当に気をつかった。ノックは10本打ったらその都度水分補給を挟み、昼休み時間も昔は30分程度だったが、いまは1時間半くらい取っている。食後は休んでいいことにしているので、日陰で気持ちよさそうに昼寝している選手もたくさんいた。

「昔の子は強かった。いまの子どもたちは弱くなった」と言う人もいるが、やはり私は現代のこの暑さが異常だと思う。

だからこそ、夏場の選手の体調管理には、指導者がいままで以上に気を配らなければならないと考えている。小まめな水分補給と休憩時間の機会を設けることはもちろん、指導者が選手の体調の変化を見逃さないようにすることも大切である。また、選手が「調子が悪いです」と指導者に正直に言えるような関係性を築いておくことも重要だろう。

２０２３年の夏の甲子園は、ベンチ入りできる選手の人数がそれまでの18人から２人増えて20人になった。県大会同様に20人がベンチにいれば、プレーしている選手をサポートできる人員も増えて、暑さ対策もしっかり行える。選手たちのためにも、ぜひ２０２４年夏以降も、甲子園のベンチ入りできる登録人数を20人でやっていただきたい。

2024年の夏、17年ぶりの2連覇を達成するために

毎年、強いチームを作り上げてくる鳴門と鳴門渦潮に加え、2024年は阿南光と生光学園も甲子園に行く力を持っている要警戒のチームである。

この4校の中で、とくにマスコミからも注目されているのが、生光学園の右腕・川勝空人投手だ。彼は、2023年夏に2年生ながら最速153キロを記録した。川勝投手対策として、うちではピッチングマシンを160キロに設定するなどして速いボールを打ち、高速ストレートに負けないスイングスピードを身につけるべく練習に励んでいる。

決め球に150キロ級のストレートを持っているピッチャーは、えてして変化球でストライクを取りにくることが多い。そんな超高校級投手を打ち崩すには、ストライクを取りにきた変化球を見逃さずに捉えていくのが最善の方法である。また、機動力

を使ってピッチャーに揺さぶりをかけていく戦術も、重要になってくるだろう。

先に挙げた4校と、私たちはどう戦っていけばいいのか？

結局のところ、強敵である4校に勝つには、うちの最大の課題である「バッテリー」が夏までに確立されるかどうかにかかっていると思う。

いまの我がチームに、昨年の森のような剛速球投手はいない。夏までに計算の立つピッチャー、失点を読めるピッチャーが現れてきてくれるかどうか。いまのところ、その候補は3年生左腕の髙木大地ひとりだけである。あとは2年生に右のサイドスローの福島虎之介がおり、このふたりにコントロールがつけば、ある程度は計算のできるピッチャーになると思う。

また、2024年の新入生として、140キロ超のストレートを投げる有望なピッチャーも入ってくる予定だ。この選手が夏までにどれだけ伸びてくれるか。期待通りに成長してくれれば、夏の大会の切り札になるかもしれない。

いま正捕手となるべくがんばっている横手亮汰は、チーム一野球脳に優れているので、2023年秋にセカンドからコンバートした。このキャッチャーとピッチャー陣のバッテリーが、2024年夏の大会でうちが勝ち上がれるかどうかのカギを握っている。

強豪・鳴門は相変わらず打撃がいい。鳴門に太刀打ちするためには、うちも点を取れる打線を作らなければならない。2024年の打線は、長打を打てる選手と足のある選手がバランスよく揃っている。選手層に厚みが増したという意味では、森の存在があまりに大きかった2023年のチームよりも楽しみである。

いまの3年生メンバーには、2023年夏の甲子園経験者が4人いる。この4人には、ほかの選手たちよりも厳しく接して、メンタルも鍛えていこうと思う。経験豊富なこの4人が、落ち着いてプレーするのは当たり前のことだ。彼らにはそれ以上に声がけでピッチャーを助け、チームを盛り上げ、悪い流れをよい流れに変えられる存在となってほしい。バッテリーと彼ら4人が、大会でいい雰囲気を作っていければ、私たちの目標である「17年ぶりの夏2連覇」もきっと実現できるはずである。

サイン盗みは万引きと同じ

――それを許す監督は高校生を指導する資格はない

近年、甲子園などでも、たびたびサイン盗みが問題となっている。サイン盗みに関しては、1998年に日本高野連から「サインを伝える行為の禁止」が通達されている。25年以上も前に禁止された行為にもかかわらず、いまでも続いていることが私には信じられない。

私が現役の頃、サイン盗みは普通に行われていたようだ。しかし、バッテリーが仮にサインを読まれたとしても、そこまでひどい打ち込まれ方をすることはなかった。私は日体大に進んだが、大学時代に誰かとサイン盗みに関して話をした記憶はない。試合中にサイン盗みを思わせるような行為、仕草をしている選手を見かけたこともない。だから当時の日体大では、サイン盗みは行われていなかったと思う。いま、日体大出身の監督が全国各地の高校で指揮を執っているが、サイン盗みを選手たちにさせている監督はいないと信じたい。

私は昔から、対戦相手の癖を見抜くのが得意だった。ピッチャーやバッターの微妙な動きの違いがわかるのだ。だから監督をしているいまでも、相手チームの二塁ランナーが不審な動きなどをすると、「あ、サイン盗みをやっているな」とすぐに気づく。

二塁ランナーのサイン盗みでよくあるパターンは、まずバッターにコースを教える。さらに、バッテリーのサインがわかっている場合は球種も伝える。他校の試合を見ていても、それまで好投していたピッチャーが二塁にランナーを背負った途端に崩れ、大量失点するのをたまに見かける。大量失点のすべてにサイン盗みがかかわっているとはさすがに言わないが、私はいままで何度も「やってるな」という場面に出くわしてきた。

サイン盗みに関しては、監督の指示やチームの統一ルールではなく、バッターとランナーのふたりだけでいろいろと考えてやっている場合もあるだろう。でも、きっと監督はそれをわかっている。気づいているのに見て見ぬふりをして、サイン盗みをやらせているのだから、これほど質《たち》の悪いものはない。

私は選手たちに、常々「サイン盗みは万引きと同じだ」と話している。「人が見ていなければ、人にバレなければ盗んでもいい」という考え方は、盗人と同じだ。選手たちのサイン盗みに対して、見て見ぬふりをしている監督も同罪であり、そんな人間が高校生を指導してはいけないと私は思う。高校野球は教育活動の一環だということを、絶対に忘れてはならない。私たちは上手な野球選手を作るのが仕事ではなく、立派な社会人を育てるのが仕事なのだ。

大学でも野球を続けていた教え子たちに話を聞くと、「高校時代、うちの学校ではやってたよ」と別のチームメイトから聞くのは珍しいことではないと言う。そして、「やってたよ」と言っていた選手の出身校を聞くと、「やっぱりな」と思うことが多い。

私は、うちのチームでサイン盗みをしている者がいたら、たとえ主力であろうと公式戦のベンチから外すと選手たちには伝えてある。ただ勝ちたいがために、選手たち同士でサイン盗みを密かにやっていたとしても、私は監督を辞めると明言している。そういう選手たちには、私は指導をしたくないからだ。

高野連は禁止を通達するだけではなく、何かしらの罰則を設ければいいと思うのだが、確証的な事実を押さえにくく、なかなかそうもいかないのだろう。ある秋の県大会中にも、怪しい動きをしている二塁ランナーに塁審から注意があった。大会終了後、徳島県高野連から各学校の監督に「サイン盗みをしないように徹底してください」という通達があったので、それはもちろん私も選手たちに伝えた。

サイン盗みをされたからといって、私たちがそれをやり返すこともない。ただ、盗まれない対策（バッテリーのサインを変えるなど）は大会前にいつも行っている。

徳島には監督会があり、そこで「サイン盗みのようないかがわしい行為があったら、監督会としてペナルティを科そう」という意見はもうすでに出てきている。また、監督さんたちが意見を出し合い、「サイン盗みをしない」のはもちろん、「フェアプレイを徹底しよう」「スピーディな試合進行をしよう」など監督会で決めた内容を、地元のマスコミに箇条書きでいいので載せてほしいと要望も出しているところだ。

馬淵史郎監督の采配には迷いがない

甲子園常連の明徳義塾とは、小松島時代から四国大会などでよく対戦させていただいた。みなさんご存じのように、明徳の馬淵史郎監督は2023年9月に台湾で行われたU18ワールドカップにおいて、高校日本代表監督としてチームを悲願の初優勝に導かれた。偉業を達成された馬淵監督には、「さすが」と言うほかない。

馬淵監督と試合をしていると、私は純粋に楽しい。いままで、多くの監督さんたちと対戦してきたが、「この人に勝ちたい」と心底思わせてくれる監督さんのひとりである。（ちなみに、練習試合などで大変お世話になっている監督さんには、智辯和歌山の髙嶋仁名誉監督、龍谷大平安の原田英彦監督などがおられる）

明徳は小技をよく使ってくるため、「馬淵監督はスクイズのサインが多い」と思っている高校野球ファンの方も多いかもしれない。しかし、実際には馬淵監督は試合でスクイズをあまり用いない。甲子園ではたまにスクイズを仕掛けているのを見かけるが、四国大会では滅多にしてこない。でも、「ここでやるか!?」という場面でスクイズをしているのをたまに見かけることがあり、そのタイミングがまた絶妙で大変勉強になる。

この私も、馬淵監督に一度だけスクイズをされたことがある。あれは小松島時代の2007年、秋季四国大会の決勝での出来事だ。5－5の同点で迎えた6回裏の明徳の攻撃、1アウト・ランナー一三塁。ここで馬淵監督はスクイズを仕掛けてきて、見事に決められた。この1点が決勝点となり、私たちは準優勝に終わった。スクイズをされたときは意外というより、いけないことかもしれないが「あ、ちょっとは私を、対戦相手として意識してくれているのかな」とうれしくなったのを覚えている。

馬淵監督のすごいところは、采配に迷いがない点である。私は試合中、どうしても選手に期待を抱いてしまう。「ここで何とかしてくれ」と、選手に願をかけてしまうようなときがある。でも、馬淵監督にはそれがない。常に自分のやり方を貫いている。選手を信頼しているが、それ以上の期待はしていないといったらいいだろうか。すべての采配に根拠があり、そのための準備がある。馬淵監督は、采配に己のすべてをかけているように思う。

馬淵野球＝明徳の野球は、ひと言でいえば隙がないということに尽きる。馬淵野球を実践している選手たちにも隙がない。明徳の選手たちは、馬淵監督の「スモールベースボール」の申し子と言っていいだろう。

明徳には長打を打つ選手、派手なプレーで目立つ選手が少なく、堅実な守備と相手の隙を突く走塁のできる、いわば「野球脳」を鍛えられた実直なタイプが多い。仮に長打を打てる選手がいたとしても、その選手はそればかりではなく、細かいプレーもこなすことができる。すべてにおいて堅実で、アウトを取るところは取る、点を取るところは取る。高校野球では、ミスがその後の失点に絡むシーンを多く目にするが、それが極端に少ないのが馬淵野球なのだ。

小松島に異動して3年目の2000年春、四国大会の1回戦で初めて私は馬淵監督と対戦した。この試合は延長戦となって11回まで戦い、8－7で何とか私たちが勝つことができたのだが、試合前に馬淵監督は「公立高校なんかに絶対に負けるな！」と選手たちに発破をかけていたらしい。しかし、結果は公立である小松島の勝利。馬淵監督は、この負けがよほど悔しかったのだろう。夏の大会を迎えるまでの間に、なんと2回も小松島に練習試合に来られた。

明徳との練習試合が決まったとき、私は選手たちには「お前ら、こてんぱんにされるぞ」と予言しておいた。すると案の定、2試合とも完膚なきまでに打ちのめされた。

馬淵監督の勝利への執念はものすごい。公立に負けた悔しさはもちろんあったのだろうが、本当のところは明徳の選手たちに「こういうチームに勝つにはこうするんだ」と教えたかったのだ。だから私たちとやる前に、いろんな準備と対策を練ってこられたようだった。

馬淵監督からは、「森影監督とやると、5～6点の失点をするビッグイニングがあるのでやりにくい」と言われたことがある。先述したスクイズをされた試合も、私たちが1イニングに5得点して同点に追い付いたものだった。日本を代表する名将に「やりにくい」と言われ、私も思わず頬が緩んでしまったものだ。

明徳と対戦するたび、野手の球際の強さ、終盤の粘り強さ、追い込まれたときの精神力など、いろんな強さを感じる。さすがは、歴代4位の甲子園通算54勝の記録を持つ馬淵監督に育てられた選手たちだと、毎回感心させられることばかりである。

四国の名将から学ぶ

前項で述べた馬淵監督をはじめ、四国には全国的に名将として知られる指導者が多い。宇和島東、済美で指揮を執られた上甲正典監督とも幾度か対戦して、いろんな経験を積ませていただいた。

実は、私は公式戦で上甲監督と対戦して、一度も負けたことがない。だからか、「上甲監督は森影監督のことを嫌っている」と馬淵監督から笑い話として伺ったことがある。

上甲監督は試合中、想像もつかない思い切った采配を振ってくることが多い。何度か対戦するうちに、私はその気配を感じられるようになった。だから、事前に察することができたときは「ここから上甲監督は動いてくるぞ」と、選手たちに落ち着いて対処するように指示を出していた。

上甲監督と初めて対戦したのは、小松島時代の2000年秋の四国大会1回戦だった。このとき、上甲監督は宇和島東で指揮を執られていた（翌2001年9月から上甲監督は済美の監督となる）。この宇和島東戦は延長12回まで戦い、私たちが8－4で勝利した。

2005年の秋季四国大会では小松島が優勝して、翌年のセンバツ出場を果たした。この大会の準決勝でも、私は上甲監督率いる済美から勝ち星を挙げた。その後も幾度か春と秋の四国大会で済美と戦ったが、幸いなことに一度も負けなかった。

徳島商に異動した後の２０１４年、済美には日本中から注目されていたエース・安樂智大投手がいた（その前年のセンバツで、安樂投手は2年生エースとしてチームを準優勝に導いていた）。私はこのすばらしいピッチャーとぜひ対戦してみたいと思い、負けを覚悟で済美まで伺い練習試合をしていただいた。

その日は3チームが済美に集まり、変則ダブルが行われた。うちは第2試合だったのだが、第1試合で安樂投手が登板してしまったため、「ああ、安樂君と対戦することは叶わなかったか」と一旦はあきらめた。ところが、なんと私たちの第2試合でも、安樂投手は先発で登板してくれた。その試合は0－1で徳島商が負けたのだが、私は上甲監督の気づかいがとてもうれしかった。有名な投手と対戦できて、選手たちもみな喜んでいた。

上甲監督は、その年の夏の大会が終わった直後の9月にお亡くなりになった。いまとなっては、あのときに練習試合とはいえ、上甲監督と対戦させていただいて本当によかったと思っている。

私の大学時代のひとつ先輩である高知商の上田修身監督も、四国を代表する名将のひとりである。上田監督は、選手の気持ちを乗せるのがうまい。選手たちのやる気を引き出して、持っている力以上のものを発揮して戦っているように見える。そのような指導、采配になったのには転機があったようだが、高知商と練習試合などをするたびに「修身さんの色が出ているな」と感じている。

上田監督の野球は、ランナーを動かしたり、小技を絡めてきたり、積極的にいろいろと仕掛けてくる。試合中はどんなときも攻撃的な姿勢を失わないので、上田監督自身が打ち勝つことを目指しているのがよくわかる。四国四商として2校の関係は古く、いまでも毎年練習試合をするのが恒例となっている。ただ、私が監督となってから、高知商にはほぼ負けていない（あまり大きな声では言えないが、２０２３年はコールド勝ちさせていただいた）。

私は大学まで野球を続けたが、高校時代も大学時代もそれほど意識して采配や戦術を学んでいたわけではない。本当に意識して学び始めたのは、那賀で野球を指導するようになってからだ。高校野球を指導するようになり、私は試合をしながら、あるいは相手の監督さんと雑談しながら、いろんな物事を学び、吸収してきたのだと思う。

高校野球の指導者となって、33年の時が流れた。これだけ長くやっていれば、嫌でも引き出しの数は多くなる。だから、試合中に起こるどんな状況も、だいたいは想定内のこととして捉えることができる。

練習試合では、わざと負けるような采配を振るときもある。具体的に言えば、相手が本校よりレベルが下のとき、わざとセオリーに反するようなサインを出してうちが負けるように仕向ける。こういった方法を取るのは、選手たちにその時々で気づいてほしいことがあるからだ。

いまの自分たちには何が足りないのか？

何をしなければならないのか？

それに気づいてほしくて、たまにこのような劇薬的な采配も用いる。こんな采配が取れるのも、長く指導者を続けてきたからこそだと思う。

横のつながりを深め、高校野球を盛り上げていきたい

昔、監督になったばかりの頃は、練習試合で他校から学ぶだけでは飽き足らず、高

校野球指導者のための講習会などがあると積極的に参加していた。私はとにかく、すべてを吸収してやろうと貪欲だったのだ。

講習会での実技指導では、たいてい選手役として上手な子が集められていた。最初のうちはそれで十分満足だったのだが、監督経験を積んでいくと上手な選手に対する指導より、上手ではない選手の変な投げ方、変なスイングを直すにはどうしたらいいのかを知りたくなった。指導歴が長くなるにつれて、上手な選手に指導するのはある程度できている自負があった。だからそうではなく、高校から野球を始めたような選手にはどう対応したらいいのかを知りたくなったのだ。

その後、自分でも経験を積み、小松島では甲子園にも出場した。その頃、他県の監督会から派遣された数名の監督さんがうちの学校にやってきて、2～3週間の長期に渡って練習参加されたことが何度かあった。野球研修、監督研修ともいえるこの期間中、朝は監督室での会話から始まり、午後は練習を一緒にやって指導法などを伝えていたので、一日中ずっと密着取材が続く感じだった。

最後の週末には、練習試合で私の代わりに監督をしてもらったりもした。試合中、私はベンチに入らず、後ろからずっと代行監督さんたちの姿を見ていた。どんなサインを出したか、どんな言葉を選手に投げかけたか。そういった指揮官としての姿勢を見て、気づいたことがあればすべて助言させていただいた。

いまでもたまに、ほかの学校の監督さんが「練習を見させてほしい」と訪ねてくることがある。「バッティングはどう教えているんですか?」「こういうタイプの選手を改善していくにはどうしたらいいですか?」など、監督さんによって疑問や悩み、困りごとなどは実にさまざまである。私はそういった質問に対して、自分の経験をもとにできる限り具体的に回答してきたつもりだ。

私がいままで培ってきた経験から得られた知識や理論、ノウハウが、ほかの監督さんたちの参考になったり、助けになったりするのであれば、私はいくらでもお教えしたい。それが徳島県、四国、さらに広がって日本の高校野球のレベルアップにつながるのであれば、一野球人としてこれ以上の喜びはない。

10～11月は、県内の学校と練習試合をすることが多い。そういったとき、試合後に若い監督さんなどから「こういうバッター(ピッチャー)には、どう指導したらいいですか?」といった質問をよく受ける。そのようなときも私は包み隠さず、自分の中にある情報をすべてお伝えしている。先述したように、これで徳島県全体のレベルが上がるのなら本望である。

岡山の倉敷商とは、先代の監督である森光淳郎監督の頃からお付き合いいただき、春にいつも練習試合を行っている。試合が終わると森光監督から、「こいつにバッティングを教えてやってください」と必ずお願いされ、毎年誰かしらに指導を行っていた。逆に倉商には、社会人上がりのいいピッチングコーチの方がいらっしゃったので、私は「うちのピッチャーに変化球を教えてやってください」と頼むこともあった。倉商だけでなく、親交の深い学校との練習試合の後は、こうしてお互いに指導し合ったりすることもよくあることだ。

うちは公立校だが、徳島は公立が多いこともあって、私の中に「打倒・強豪私学」のような意識はあまりない。四国大会や甲子園に出場しても、私学を必要以上に意識することもない。だから、私学の指導者の方が「練習を見たい」と訪ねてきたとしても、私はほかの監督さんたちと同じように接している。

四国の高校野球は、指導者同士の横のつながりがある。毎年12月上旬に行われる監督会には、四国の監督さんたちが勢揃いする。この監督会は、鳴門工の高橋広元監督（徳島代表）、明徳の馬淵監督（高知代表）、済美の上甲元監督（愛媛代表）、観音寺中央の橋野純元監督（香川代表）、この錚々たる顔ぶれの4人が発起人となって始まった。いまでは各県が毎年持ち回りで会場が変わり、それぞれに催し物や企画が行われている。今後も、四国監督会が横のつながりを密にして切磋琢磨しながら、四国の高校野球のレベルを高めていくことができれば最高である。

甲子園を目指して日々懸命に努力している人間や、甲子園に出場した後、勘違いしない人間こそがすばらしい

春と夏の甲子園の時期になると、テレビ、新聞、ネットなど、あらゆるメディアで高校野球が取り上げられる。これは、高校野球が国民的スポーツであることの証だと思うが、「高校野球ばかりがもてはやされすぎ」という意見が一部にあるのも確かだ。

一部の批判的意見を検証、改善していきながら、高校野球に携わる大人たちは「高校野球が支持されているのはなぜなのか？」を改めて真剣に考え、それを球児たちにも理解させていかなければならない。

高校野球のルールや学校の規則を守るのはもちろん、普段の生活でもほかの生徒たちの模範となるよう自分を律し、文武両道を目指すのが高校球児のあるべき姿である(これは高校野球に携わる私たち大人も同様である)。甲子園に出場したから、その人間がすばらしいとか偉いわけではない。甲子園を目指し、日々懸命に努力している人間こそがすばらしい。また、甲子園に出場した後も、勘違いしない人間こそがすばらしいのだ。そこを勘違いしてはいけない。

高校野球が国民から愛されている理由。それは、「球児が白球を必死になって追いかける姿が美しいから」「遊ぶ時間も削って毎日一生懸命練習しているから」「礼儀正しいから」「試合には筋書きのないドラマがあるから」などきっといくつもあるだろう。100年以上の歴史を誇る高校野球は、私たちの生活の中にしっかりと根づき、もはや日本の文化といってもいい。先に挙げた礼儀のみならず、我慢や忍耐など、高校野球の根幹を成すこれらの要素が、日本人の美徳を刺激するのだ。こういったバックボーンがあることを、高校野球に携わる人たちは決して忘れてはならないと思う。

高校野球界には、自分の名声を高めるため、あるいは給料を上げるため、金儲けのために高校野球を利用している指導者も存在するかもしれない。でも、いま高校野球に携わっている若い指導者の方々には、絶対にそんな人間にはなってほしくない。自分のためではなく、球児たちのため、高校野球のために存在する指導者として生きていってほしい。

先ほどお話ししたように、私の教え子たちもいまでは何人かが高校野球の指導者になっている。若い彼らは日々悩み、試行錯誤しながら一生懸命「自分のチームを強くしよう」とがんばっている。彼らからたまに「森影先生、こういうときはどうしたらいいんですか？」と悩み相談をされることもある。

チームの実力、学校のレベルや野球部の置かれた環境などが異なれば、それぞれの指導者が抱える悩みも違ってくる。元々生徒数も部員数も少ない学校で、どうすれば選手を辞めさせず、かつ強いチームが作れるのかと思い悩んでいる教え子もいる。私はそれぞれの悩みに対して、自分の経験をもとにアドバイスをしている。とはいえ、「時代が違う」ということもたくさんあるので、その点に関しては「いま自分が徳島商でどのような指導をしているのか」を振り返りつつ、教え子たちにアドバイスを送っている。

「アドバイスしながら、自分を振り返る」

このことによって、私は自分のしてきたことを再検証する、とてもいい機会をもらっているように思う。ちなみに部員数が少なく、強いチームを作るために悩んでいる教え子には、「怒りすぎないように、でもルールはしっかり守らせる。選手たち主体でルールを決め、それを守らせるようにしていけばいいのではないか？」とアドバイスをした。

全国各地でがんばっている若い指導者の方々には、「いい選手がいなければ勝てない」という考え方は間違いであると言いたい。確かに、いい選手が集まれば強いチームを作れる可能性は高まるだろう。しかし、技術レベルの低い選手たちが多いとしても、いろんな戦術を教えながら野球脳を高め、技術を上げるための的確なアドバイスと練習、さらにそれぞれの長所を引き出す適材適所の人材配置を行っていけば、必ず強いチームは作れる。私は那賀、富岡西、小松島でそれを立証してきた。

高校野球の監督として、私は「いかに選手の長所を見出し、その持っている才能を最大限に引き出してあげられるか」を考えて指導を続けてきた。だから全国の指導者の方々にも、選手一人ひとりに合った指導、アドバイスをしていってほしい。「うちはいい選手がいないから」という言い訳だけはしてほしくない。自戒も込めて、そう言わせていただきたい。

好きな野球を続けたいなら、我慢してがんばれ

高校野球は選手たちが主体であるべきだ。これは本書でも述べてきたことであるが、だからといって選手たちの好き勝手にさせればいいというわけでは決してない。いいこと、悪いことは指導者がしっかり教え、「決まりがあっての自由」「自由の中にも我慢しなければならないこともある」ということを選手たちに理解させる。選手自身で正しい判断ができるように導いていくのも、高校野球指導者の役割だと思う。

うちの選手たちは、徳島商のロゴが入ったバッグをいつも持ち歩いている。徳島の人たちは、そのバッグを見れば「あ、徳商の選手だ」とすぐに気がつく。歴史の古い徳商野球部は、昔から地元の人たちからも愛されている。徳商の生徒として、徳商野球部の選手として、地元の人たちの期待に応えるためにも、恥ずかしくない生活をし

ていかなければならない。それを選手たちには、口を酸っぱくして言い続けている。

本書をお読みの球児のみなさんには、「好きな野球を続けるためには、ときに我慢も必要だ」ということを肝に銘じ、悔いのないよう2年半の高校野球生活をがんばってほしい。ご両親やご家族を筆頭に、君たちが野球を続けるためにサポートしてくれている、すべての人への感謝の気持ちも持ち続けながら、自分の道を突き進んでもらいたい。

自分を卑下して「野球部を辞めようか、続けようか」と悩んでいる選手がいたとしたら、私は「〝これだけは誰にも負けない〟という長所をひとつ持とう」と助言したい。それは野球の技術に限らず、「誰よりも声を出す」でもいいし「誰よりもコーチャーがうまい」「誰よりも気が利く（気がつく）」など何でもいい。

私は大会の登録（ベンチ入り）選手を選ぶ際、技術は劣っているとしても、チーム内で「あいつはいつも一生懸命練習している」とみんなから認められている選手は、ベンチ入りさせることがよくある。だから、野球の技術に劣るからといって、途中で野球を投げ出すようなことはしないでほしい。仮にベンチ入りできなかったとしても、2年半の間、野球をがんばって続けたことに意味があるのだ。「あのとき、野球部を辞めないでよかった」と思える日がきっと来る。

もし私がいま、那賀のような「部員も少ない」「チームも強くない」というような学校に赴任したら、きっと昔のように厳しさだけではやっていけないと思うので、楽しさも取り入れて指導を行うだろう。勝ったときの喜びを大事にして、選手たちが負けたときの悔しさを感じられるように少しずつ導いていく。勝ち負けだけにスポットを当てず、まずは選手たちの気持ちを乗せていくことに力を注ぐと思う。

私の徳島商での指導ぶりを、昔の教え子たちが見たら「なんで森影監督は怒らないんだ？」「なんであんなにニコニコしているんだ？」と思うに違いない。この私も、長い指導者人生の中でいろんなことを学び、いまがあるのだ。

甲子園に行った2023年のチームは、「お前らは、徳商史上最弱のチームだ」と言ったところから始まった。でも、その言い方が正しかったのかどうかはわからない。「甲子園に行けたから正解」だとも、まったく思っていない。

「人を指導する」ということは、何が正解なのかわからないから難しい。正解は必ずしもひとつではない。私のように、指導法を臨機応変に変える指導者もいれば、一貫して変えない指導者もいることだろう。でも、そこに正解はないから、「何が選手たちのために一番いいのか?」を考えて、これからも指導をしていこうと思っている。

四国四商としての誇りを胸に
――指導者になって本当によかった

いまのうちの選手たちは、「四国四商」ということをそれほど意識していないと思う。しかし、私たちの世代は「四国四商」の時代を生きてきた人間なので、いまでもとても意識しているし、誇りも持っている。

南北の四国大会があった時代、徳島商は高知商としのぎを削り合い、北では高松商と松山商が切磋琢磨していた。四国四商の一角である徳島商の監督として、いま私が願うのは四国四商が揃って甲子園に出場することである。過去に四国四商が甲子園揃い踏みとなったのは、一県一代表制となった1978年の夏に一度あったきりだ。私学優勢の現代において、四国四商が40年以上ぶりとなる甲子園同時出場を果たせば、四国のオールドファンも、全国の高校野球ファンの方々も、きっと喜んでくれるに違いない。

四国四商はいずれも歴史が古く、全国制覇の経験を持っていることから、それぞれの監督さんたちはいろいろとご苦労も多いのではないかと推察する。ただ、私は性格上、周囲の声などはあまり気にならないタイプなので、徳島商の監督となってから特段の苦労をしたとは感じていない。

全国の歴史ある強豪校の中には、ＯＢ会が圧倒的な力を持ち、現場に介入してくることも決して珍しいことではないと聞く。幸いにも、徳島商のＯＢ会が現場の私たち指導陣に何か言ってくるようなことはなく、現場のやり方や考え方を尊重していただいている。

元来、私は上下関係など気にせず、何か言われてもそれが納得のいかないことであれば、理路整然と言い返すタイプでもある。ただ、どんなときも筋は通すし、相手に慇懃無礼な態度を取ることもない。

古いＯＢの方が練習を見にくることは滅多にないが、先日久しぶりにＯＢの方々（私より４つ上の甲子園出場経験者）が激励に訪れ、練習試合を見て「ようがんばっとるなー」と感心して帰っていかれた。

毎年1月の第4土曜日には、市内のホテルでOB総会も開かれている。古いOBの方々はもちろん、来賓として地元有力企業のトップの方々にもご参加いただき、毎年総勢100名ほどが集まる。この総会で私は日頃の感謝を申し述べつつ、いまのチーム状況やその年の展望、卒業生の進路などをご説明する。

徳島で育ち、徳島商で野球をして、こうしていまでも野球に携われているのはとてもありがたいことであり、私は本当に幸せ者だと思う。この場を借りて、いままでお世話になってきた方々に感謝を申し上げたい。

私自身、現役時代は指導者になりたいなどと微塵にも思っていなかった。それなのに、いまはたくさんの教え子たちが「指導者になる」という目標を持って大学に進学し、実際に徳島に帰ってきて指導者になってくれている。これも、実に指導者冥利に尽きることだ。「私が教えてきたことは、間違っていなかったのだな」と、彼らには申し訳ないが勝手にそう思っている。

いまでも、グラウンドにたびたび教え子たちがやってきてくれる。「結婚しました」と報告に来てくれたり、子どもを連れて練習や試合を見に来てくれたり。私は、彼らがいまでも「先生」「監督」と慕ってくれることが、何よりもうれしい。親子二代で私の教え子になったという家族もいくつかある。

野球で成長しているのは子どもたちだけでなく、私たち大人も同様に成長させてもらっている。私の場合は、自分で成長した気になっているだけかもしれないが、野球を指導しながらいろんな人と出会い、たくさんの学びを得て人として成長できたと感じるだけでも、指導者になって本当によかったと私は心から思っている。

おわりに

こうして自分の野球人生を改めて振り返ってみると、いろんなことをやってきたのだと実感する。２０２３年の夏に60歳で甲子園に出場できた満足感はあるが、「まだまだがんばらないといけない」と決意を新たにした部分もある。

２０２３年は絶対的なエースである森が、私たちを甲子園に導いてくれた。そして迎える２０２４年夏、本書でも構想をお話しした通り、ポジションのコンバートも含めて思い切った野球をしていきたい。

本書を記しながら、私は徳島商の監督として「ちょっと守りに入っていたな」と気づくことができた。戦い方、選手の起用法、いろんなことが自分らしくなかった。自分でも気づかないうちに、「徳島商」というブランドとプレッシャーを背負い込んでいたのかもしれない。

小松島で監督をしていた頃は、ひらめきや思いつき、発想の転換でいろんなことを試し、何事にも積極的にチャレンジしていた。2023年は小松島時代に近いチーム編成を行い、森というエースを含めていろんなポジションチェンジをしながらチームを完成させた。小松島時代の教え子は、2023年のチームを見て「森影先生、昔っぽいやり方ですね」と言ってくれた。こうして昔に近いやり方に戻したことが、いい結果につながったのだと思う。

徳島商に赴任してから、知らず知らずのうちに「この選手がダメなら、控えのあの選手を入れればいい」と安易で無難な発想になってしまっていたかもしれない。でもこれからは、適材適所を見極め「この選手はいまここを守っているが、こっちのポジションのほうが、より長所を生かせるのではないか」と、大胆な発想の転換をもとにチーム作りをしていこうと決意している。

「この選手はキャッチャーで入ってきたから、高校でもずっとキャッチャー」という考え方は、単なる固定観念に過ぎない。今後は、かつてのようなコンバートをどんどんしていこうと思う。

ほとんどの球児にとって、真剣に野球をするのは高校野球が最後となる。大学野球、社会人野球、プロ野球に進むのはほんのひと握りに過ぎない。そう考えると、本気で甲子園を目指す2年半の高校野球生活は、人生の中でとても貴重でかけがえのない時間である。いま、高校野球をしている選手たちには悔いのないように、二度と戻ってはこないすばらしいこの時間を精一杯生きてほしい。一生懸命野球に取り組めば、絶対に何かが残る。苦楽をともにした仲間たちとの関係は、卒業後も続いていく。

私自身、高校の3年間は、いまでも強烈な思い出として残っている。仙台育英の須江航監督が、2022年の優勝時に「青春ってすごく密なので」という言葉を残したが、私も本当にその通りだと思う。密な3年間は、その後の人生にも多大な影響を及ぼす。私が徳島商で3年間をともに過ごしたチームメイトとは、いまでも最良の友として関係は続いている。楽しいことも辛いことも、ともに経験した仲間は私の人生の財産だ。

今年で私も61歳となり、2025年春には教員としての定年を迎える。再任用で教員を続けることはできるが、徳島商の校長先生に請われなければ、監督を続けることはできない。私も60歳を過ぎて徳島商で3度目の甲子園を目指して、もう少しがんばってみようと思っている。もちろん、いまの私の大切な役割である「後進を育てる」ことも、忘れてはいない。

私はいままで、人を嫌いになったことがあまりなく、すぐに人を信じてしまう質《たち》である。妻からは「あなたは人を信用しすぎよ」といつも言われている。でも、これが自分の性分なので、いまさらどうしようもない。チーム作りを行うときと同じように、人のいいところを見たい、見つけたいと思っている。信じていた人に裏切られたときは辛いが、それでも「何かいいところがないかな」と見てしまう。おそらく、それでいいのだ。今後もこの性分のまま、この生き方のまま、私は私の道を信じて邁進していくつもりである。

2024年2月

徳島県立徳島商業高校野球部監督　森影浩章

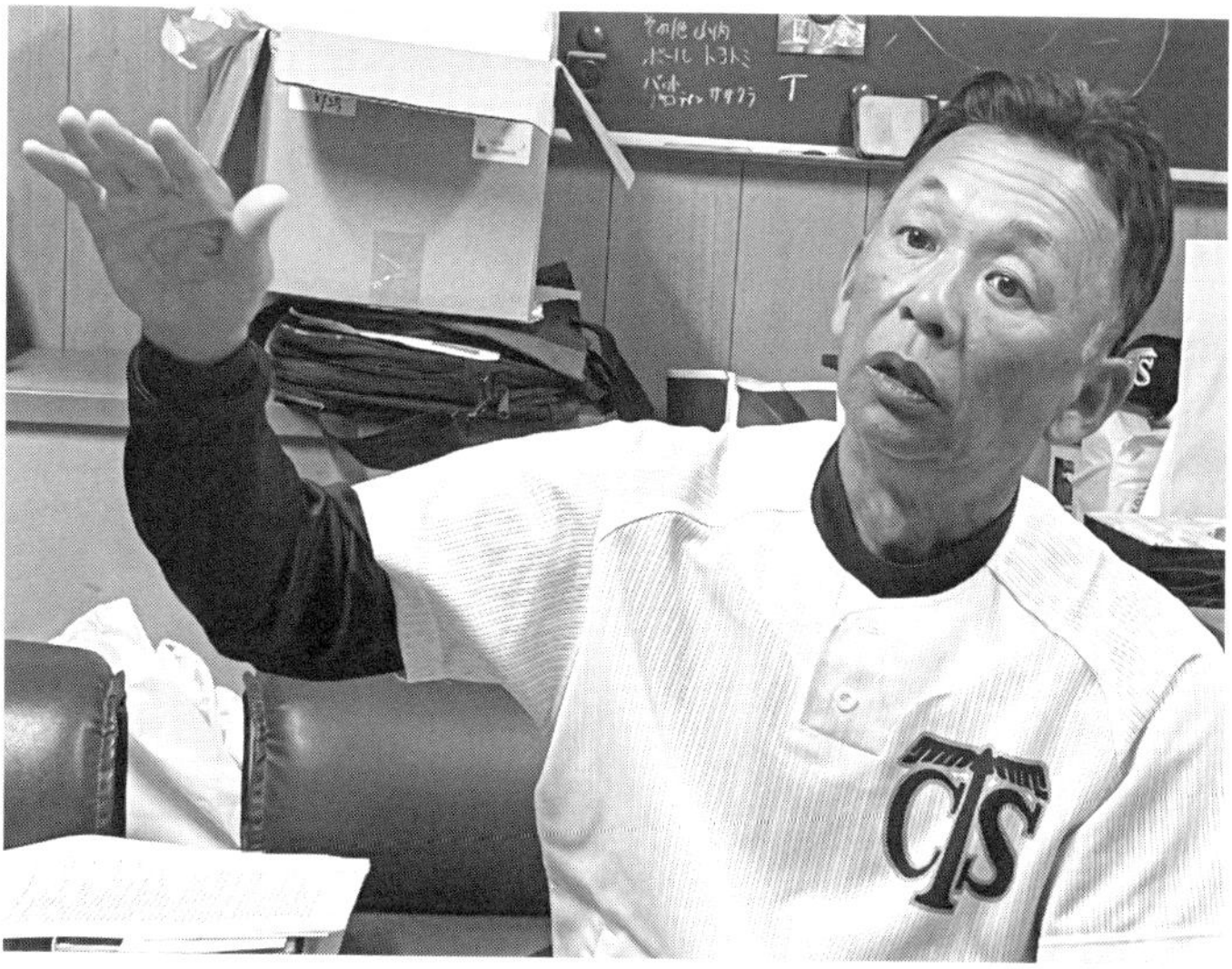
CTS

強い「心技体」を育む

我慢力

2024年3月29日　初版第一刷発行

著　　者／森影浩章

発　　行／株式会社竹書房
〒102-0075 東京都千代田区三番町8-1
三番町東急ビル6F
email：info@takeshobo.co.jp
URL　https://www.takeshobo.co.jp

印 刷 所／共同印刷株式会社

カバー・本文デザイン／轡田昭彦＋坪井朋子
カバー写真／アフロ（日刊現代）
取材協力／徳島商野球部
編集・構成／萩原晴一郎

編 集 人／鈴木誠